NOCTIAL

Die *Géographe* und die *Naturaliste* mit gerefften Segeln in einem Sturm. Zeichnungen Charles Alexandre Lesueur, Schiffszeichner der Baudin-Expedition zur Erkundung der Umgebung Australiens (1800–1804).

François Bellec

DIE ENTDECKUNG DER WELT

Christoph Kolumbus, Vasco da Gama, James Cook u. a.:
IHRE ABENTEUERLICHEN SEEREISEN

Aus dem Französischen
von Gisela Sturm

COLLECTION ROLF HEYNE
MÜNCHEN

I n h a l t

DIE SCHAM · 1564

Holländisches Schiff, Zweite Hälfte des 16. Jahrhunderts. Stich von Frans Huys nach Pieter Bruegel, um 1564.

Dieses Buch ist nicht als Geschichte der Entdeckungen oder der Erkundung der Welt gedacht, wenn auch die einzelnen Kapitel mit den wichtigsten Etappen der Erforschung jenes mythischen Raumes, den man schon in der Antike »Meer der Finsternis« nannte, übereinstimmen. Im Verlauf ihrer Entdeckungsfahrten stießen die Seefahrer erstmals in jene sagenumwobenen Gewässer vor, von deren Ausdehnung sie nur vage Vorstellungen hatten. Die überseeische Expansion, die von den Staaten Europas heutzutage als das Fundament ihrer gemeinsamen Kultur und ihres nationalen Erbes dargestellt wird, war in Wirklichkeit das Verdienst einer Vielzahl anonymer Seeleute und Abenteurer, von denen nur wenige in die Heldenchronik der Geschichte eingegangen sind. Der Reiz ihrer Logbücher, ihrer persönlichen Korrespondenz und der Reiseberichte ihrer Weggefährten liegt in der spontanen Frische des ersten Eindrucks, in dem naiven Staunen über die Wunder der neuen Welten, die sich vor ihnen auftaten. Ihre Schriften sind von noblen Motiven erfüllt, von Stolz, der sich manchmal zu Anmaßung und Selbstherrlichkeit steigerte, von Selbstvertrauen, Triumph und Ruhm. Doch zwischen den Zeilen lassen sich auch Zeichen des nagenden Zweifels, der Erschöpfung, der Todesängste und größter seelischer Not erkennen. Fünf Jahrhunderte sind vergangen, seit diese Zeugnisse jener bis dahin noch unbekannten Welt niedergeschrieben wurden.

Das Hauptanliegen dieses Buches besteht darin, unter Heranziehung der Logbücher, der persönlichen Tagebücher und der Korrespondenz den Bordalltag der Seeleute, diesen speziellen Mikrokosmos, kennen zu lernen und die spontanen, unverfälschten Eindrücke und Gefühle ihrer Verfasser nachzuvollziehen. Zum Zeitpunkt der Niederschrift, das darf man nicht vergessen, war der Ausgang ihres Unternehmens noch völlig ungewiss. Ebenso wenig wussten die Seefahrer damals, dass Hispaniola nur ein Vorposten zum amerikanischen Kontinent war; dass ein unermesslich weiter Ozean die Südhälfte der Erdkugel bedeckte; dass die *Terra australis incognita* nur in ihrer Einbildung existierte; dass die Lapérouse-Expedition einmal auf ein Riff laufen und mit Mann und Maus im Meer versinken würde; dass ein Genussmittel wie der neu entdeckte Tabak die Gesellschaft eines Tages in zwei Lager spalten würde; dass das Wellenreiten vor den Sandwich-Inseln einmal auf allen Ozeanen Nachahmer finden würde. Meine Beschäftigung mit den Männern, die einst die Welt entdeckten, hat mich mit Demut erfüllt. Sie verdienen meine aufrichtige Bewunderung und meinen Respekt.

Das große Zeitalter der Entdeckungen begann im ausgehenden Mittelalter, an der Schwelle zur Renaissance, als im Süden Europas eine neue Kultur erblühte. Im Jahr 1415 gelang es den portugiesischen Truppen unter dem Infanten Heinrich, dem späteren »Seefahrer», die marokkanische Küstenstadt Ceuta an der Straße von Gibraltar einzunehmen. In den nachfolgenden Jahrzehnten stießen die Portugiesen etappenweise in den asiatischen Raum bis nach Kanton vor. Dass ein so kleiner Staat wie Portugal einen derartigen Expansionsdrang entwickelte, lässt sich zum Teil durch die Gier nach den Schätzen des Orients erklären, hatte aber auch mit religiösen Idealen zu tun, die auf das Kreuzrittertum zurückgingen und sich in der so genannten *Reconquista*, der Rückeroberung jener lusitanischen Gebiete, fortsetzten, die seit fünfhundert Jahren unter der Herrschaft der Mauren standen.

Nach einem Jahrhundert war es Portugal gelungen, den Atlantischen Ozean von seinen alten Mythen zu befreien und für die abendländische Schifffahrt zu öffnen. Portugal entwickelte die neuzeitliche Vorstellung eines Ozeans, der sich in zwei Richtungen erstreckt, und es schuf sowohl die materiellen als auch die geistigen Grundlagen, die seine Überquerung ermöglichten. Doch obwohl der portugiesische Seeweg nach Indien eine Erschütterung des Weltbildes mit sich brachte, blieb die Karte der Welt noch unangetastet. Die Schiffe aber änderten nun ihren Kurs und segelten einen Bogen hinaus auf das offene Meer, um sich dort die günstigen Windverhältnisse zunutze zu machen.

Die Reise des Christoph Kolumbus hatte den Zweck, auf einem direkteren Weg als um Südafrika herum nach Indien zu gelangen. Der Florentiner Paolo Toscanelli, der bereits 1474 die Idee entwickelt hatte, China von Westen her anzusteuern, gab den Denkanstoß, und König Johann II. von Portugal nahm die Anregung auf. Nur an seinem Hof war es damals möglich, solche Diskussionen zu pflegen, denn allein Portugals Seefahrer waren im Stande, auf dem offenen Meer zu navigieren. Da aber die politischen Geschicke Portugals schon seit längerer Zeit von den nationalen Interessen einer Gruppe junger, mittelloser adeliger Müßiggänger beeinflusst wurden, sah der König keinen Sinn darin, den Genuesen in seiner fieberhaften Suche nach einem neuen Seeweg nach Indien zu unterstützen. Außerdem verfügte eine so kleine Nation von gerade einer Million Einwohnern nicht über die Mittel, ein Unternehmen dieser Größenordnung zu finanzieren.

So gesehen geschah es wohl eher zufällig, dass die nächste Welle der großen Entdeckungen von Spanien ausging. Sie endete im Jahr 1606 mit der wenig erfolgreichen Reise des Pedro Fernandez de Queiros gen Süden, auf der er die sagenumwobene *Terra australis incognita* ausfindig machen und dort die erste christliche Siedlung anlegen wollte. Dies war die letzte immerhin noch idealistische Unternehmung zur Erforschung der Welt im Geist der Conquista, bevor die glanzvolle Ära der Kaufleute und der Ostindischen Handelskompanien begann.

Anonym: Weltkarte mit Narrenkappe, um 1590. Die biblische Inschrift lautet *Stultorum infinitus est numerus,* die Zahl der Toren ist unendlich. Im Vergleich dazu konnte die Neue Welt nur ein Utopia sein!

Heinrich der Seefahrer war ein Zeitgenosse der Künstler van Eyck und Donatello. Magellan war drei Jahre älter als Raffael; beide starben jung, im Abstand eines Jahres. Christoph Kolumbus und Leonardo da Vinci waren altersmäßig nur ein paar Monate von einander getrennt, ebenso Erasmus von Rotterdam, Machiavelli und Vasco da Gama, die alle im Jahr 1469 das Licht der Welt erblickten. Alte Strukturen brachen auf, Europa öffnete sich; Michelangelo, Raffael und Tizian schufen große Meisterwerke. Pico della Mirandola, Erasmus und Thomas Morus legten den Grundstein zu einer neuen Philosophie. Die Namen der florentinischen Fürsten Cosimo, Giovanni und Lorenzo de' Medici standen für eine Familie, die den Geist der Renaissance verkörperte. Sie prägte das kulturelle Leben und versammelte die bedeutendsten Künstler und Gelehrten an ihrem Hof. Der geistige und künstlerische Aufbruch, der das alte Europa erfasst hatte, die technisch-wissenschaftlichen Neuerungen und das Überwinden der tief verwurzelten Ängste führten letztlich zur Freisetzung gewaltiger schöpferischer Kräfte, die alle gleichzeitig nebeneinander existierten. Es war jedoch nicht der Funke der Humanisten, der die Entdecker über die Weltmeere trieb, und die Humanisten ihrerseits bezeugten wenig Interesse für die Ereignisse, die sich gerade irgendwo auf der Welt in einem nicht-christlichen Land abspielten, unter ungehobelten Seeleuten, skrupellosen Abenteurern und Eingeborenen, die nicht einmal des Lesens und Schreibens mächtig waren. Die Renaissance knüpfte an die Antike an, Athen war ihr Ideal. In ihrem Hochmut weigerten sich spanische Conquistadores, portugiesische Descobridores und Humanisten, gegenseitig voneinander Kenntnis zu nehmen.

Die Entdeckung der Erde erfolgte im Kielwasser der portugiesischen Expansionsbestrebungen nach Übersee und führte zur Überwindung der uralten Mythen und des Aberglaubens, der materiellen Entbehrungen und der Gefahren, der unzumutbaren hygienischen Zustände und der starren Denkmuster einer mediterranen Zivilisation, die jeden Fortschritt behinderten. Sie begann mit der langsamen Erkundung des Atlantiks durch die Portugiesen im Jahr 1415 und endete 1488 mit der Umrundung des Kaps der Guten Hoffnung. In diesen dreiundsiebzig Jahren waghalsiger Unternehmungen wurden sowohl in technischer als auch in geistiger Hinsicht Fortschritte erreicht, die sich nur in Generationen messen lassen. Dies alles relativiert die Leistungen von Christoph Kolumbus, der den Atlantik in einem Monat und drei Tagen überquerte, wenn dies auch gewiss das schönste Geschenk war, das ein genialer Entdecker wie er sich selbst und seinen Königen machen konnte. Der Erfolg war umso erstaunlicher, als Kolumbus von falschen Berechnungen ausgegangen war. Damals ließ sich das große Puzzle der Welt nur mit viel Geduld zusammenfügen. Die ersten Entdecker hatten noch keine Kenntnisse über globale Zusammenhänge und starben zu früh, um ihre Entdeckungen exakt in die Weltgeographie einordnen zu können.
Im 17. Jahrhundert verdrängten die aufstrebenden protestantischen Staaten Nordeuropas die mediterranen katholischen Länder aus ihrer politischen und wirtschaftlichen Vormachtstellung. Die Niederlande, vor allem Amsterdam, erlebten ein goldenes Zeitalter. Doch ihre Handelsflotten mussten auf den Meeren für die Unberechenbarkeit veralteter Navigationstechniken, die sich seit dem 15. Jahrhundert kaum verändert hatten, die Kosten tragen. Darüber hinaus entsandte die Holländische Ostindische Kompanie ihre Flotten auch in die australischen Gewässer, um dort nach der sagenumwobenen *Terra australis* zu forschen.
Im ersten Viertel des 18. Jahrhunderts begann die Erkundung des Pazifiks, die unter dem Einfluss der Enzyklopädisten mehr und mehr einen wissenschaftlichen

Charakter annahm. Frankreich und Großbritannien machten sich um die Weiterentwicklung der Navigationstechniken verdient.
Die großen Entdeckungs- und Forschungsexpeditionen nach Übersee forderten unzählige Opfer, Tausende namenloser Seeleute starben – sie ertranken, verhungerten, wurden von Epidemien dahingerafft. »Auf manchen Schiffen, die ich in Goa ankommen sah«, so François Pyrard de Laval im Jahr 1715, »waren von tausend bis zwölfhundert Mann, die sich in Lissabon eingeschifft hatten, nur etwa zweihundert übrig geblieben. Fast alle waren an Skorbut erkrankt und so entkräftet, dass kaum einer von ihnen eine Chance zu überleben hatte.«
Niemand hat über ihre Ängste und ihre lange Agonie berichtet. Ihre Seelen- und Gefühlszustände, die in den Bordaufzeichnungen stellenweise angedeutet werden, lassen sich nur vor dem Hintergrund der damaligen Weltauffassung erschließen. Wenn sich zum Beispiel vor ihnen eine unbekannte Landmasse aus dem Meer erhob oder wenn sie endlich die Durchfahrt nach Indien entdeckt hatten; wenn sie unter einem anderem Himmel segelten und wenn sie an den schwarzen oder weißen Stränden auf freundliche Menschen, farbenprächtige Vögel, exotische Früchte stießen und die Natur in ihrer verschwenderischen Fülle erblickten. Dann hatten sie die Gewähr, dass sie sich das alles nicht nur einbildeten. Das waren die glücklichen Momente ihrer Reise, die ihnen Tränen der Dankbarkeit in die Augen trieben. Dies war der Lohn für all die Jahre des Studierens, des Leidens, der Häme, der endlosen Bittgesuche; dann hatte sich der Sinn dieser Reise erfüllt, all der Tage, Wochen und Monate, die sie unter primitivsten Bedingungen auf dem Meer verbracht hatten, unter unsäglichen Strapazen, krank, angsterfüllt vor einem ungewissen Schicksal. Wenn sie nach diesen langen und entbehrungsreichen Überfahrten, den penetranten Gestank der überfüllten Zwischendecks und der an Bord verrottenden Nahrung in allen Poren, den Fuß wieder auf festen Boden setzten, mussten ihnen die würzigen Düfte des Erdreichs, die üppige Vegetation und die Freundlichkeit der Eingeborenen wie Geschenke des Himmels erscheinen.
Für die Geistlichen, die aufbrachen, um den Bewohnern der Neuen Welt das Seelenheil zu bringen, bestand die Herausforderung darin, überhaupt am Bestimmungsort anzukommen. Das Gleiche galt für die Naturforscher, die später der Wissenschaft die Fülle der neu entdeckten Arten durch ihre Erhebungen zugänglich machten und ganze Schiffsladungen davon mit in die Heimat brachten. Die Kapitäne dieser hochriskanten Unternehmungen hatten die Verantwortung dafür übernommen, ihre Schiffe samt Besatzung, der gesamten Ausbeute an wissenschaftlichen Funden und sonstiger kostbarer Fracht unversehrt in den Heimathafen zurückzubringen. Dieses Pflichtgefühl führte ihnen die Feder. Auch dass so viele Seeleute der niederen Ränge diese grausamen Strapazen aus freien Stücken auf sich genommen haben, ist vor dem sozialen Hintergrund der damaligen Zeit durchaus verständlich. Sie konnten sich dem Zauber der exotischen Inselwelten und der fernen Küsten nicht entziehen, und diese Sehnsucht forderte ihren Preis. Wenn sie in ihrer Verblendung der süßen Stimme einer Sirene folgten, die ihnen an den Kais von Lissabon, Portsmouth oder Amsterdam den Zauber der Tropen vorspiegelte, ahnten sie noch nicht, dass sich dahinter ein Pesthauch verbarg.

Die Schätze des Meeres. Allegorisches Gemälde von Jacopo Zucchi (1541–1590), der als einer der wenigen Künstler der Renaissance den Reichtum und die Exotik ferner Länder thematisierte.

CIRCVLVS ARTICVS
TROPICVS CANCRI
ZODIACVS
EQVINOTIALIS
ZODIACVS
EQVINOTIALIS
EQVINOTIALIS
ZODIACVS
TROPICVS
ZODIACVS
CAPRICORNI
CIRCVLVS ANTARTICVS

Vorhergehende Doppelseite:
Ausschnitt aus dem *Martyrium der Hl. Ursula und ihrer elftausend Jungfrauen*. Flügelaltar der Hl. Aukta aus der Kapelle des Klosters Madre de Deus in Lissabon.

Linke Seite:
Malerei auf Pergament von Francesco di Antonio del Cherico für die lateinische Übersetzung der *Cosmographia* des Ptolemäus durch Jacopo d'Angelo, um 1465–1470. Die Karte zeigt den Stand der Geographie zu dem Zeitpunkt, da die Portugiesen den Golf von Guinea erreichten.

Rechts:
Eines der wenigen Bildnisse von König Johann II., dem großen Förderer der portugiesischen Entdeckungsreisen. Unter seiner Herrschaft (1481–1495) wurde die Festung El Mina gegründet (im heutigen Ghana), und Bartholomeu Diaz umsegelte erstmals das Kap der Guten Hoffnung. Illumination in: *Livro dos Copos,* 15. Jahrhundert (nach 1485).

Über den Triumphen der Entdeckungsreisen sollte der menschliche Faktor nicht vergessen werden, der die Öffnung des Seewegs nach Indien im ausgehenden 15. Jahrhundert möglich gemacht hat. Portugals Beitrag zur Geschichte der Entdeckungen war nicht ein neuer Kontinent, sondern die nautische Erfahrung, das Meer zu bezwingen. Der Ruhm ihrer Nation beruhte auf dem Umstand, dass sie den Mut aufbrachte, die unsichtbare Barriere zum »Meer der Finsternis« zu durchbrechen und die unberührte Weite des Ozeans für einen Augenblick mit ihrem Kielwasser aufzurühren. Diese stillen, vergänglichen Momente machten die portugiesischen Seefahrer unsterblich, denn sie öffneten dem Abendland den Zugang zu den Weltmeeren und wurden zu Wegbereitern der europäischen Expansion rund um den Erdball. Es gehörte zu den ersten wichtigen Errungenschaften, lange Strecken auf dem offenen Meer bewältigen zu können und große Seereisen zu einer Selbstverständlichkeit zu machen.

Indirekte Verbindungswege zwischen der Gewürzroute, der Seidenstraße und den europäischen Märkten existierten damals schon seit geraumer Zeit. Über eine Steppenroute zogen die Kaufleute vom Norden des Kaspischen Meeres bis zur Don-Mündung am Schwarzen Meer oder bis Trapezunt, die beide zu Byzanz gehörten. Die Wüstenstraße im Norden von Tibet führte in weitem Bogen um die Wüste von Takla Makan, durchquerte Pamir mit Zwischenstation in Taschkent und Samarkand und vereinigte sich in Nordafghanistan mit der Südroute, welche die Täler von Ganges und Indus verband. Die letzte Etappe sicherte die Verbindung zwischen Bagdad via Palmyra mit der östlichen Mittelmeerküste. Zwischen China und Arabien gab es einen nicht festgelegten Seeweg, der über ein unauflösliches Netz chinesischer, indischer, persischer und arabischer Hochseeschiffe gewährleistet wurde. Am Roten Meer oder im arabisch-persischen Golf wurde die Fracht mit Karawanen nach Alexandria, Beirut oder Antiochia weiter befördert. Um den Rest kümmerten sich seit dem 13. Jahrhundert die Venezianer. Im Jahr 1204 hatten sie im Verlauf des Vierten Kreuzzugs Byzanz erobert und die Genuesen verdrängt. Seither besaßen sie das Handelsmonopol für den Orient. Die Galeeren der Serenissima fuhren die östlichen Mittelmeerhäfen ab, um die von den Karawanen herbeigeschafften Waren einzusammeln und sie bis nach Flandern zu verkaufen. Für das Abendland war das Mittelmeer damals nur ein Küstenstreifen, der sich nach Nordeuropa erstreckte, während der Atlantische Ozean sich an den Grenzen der bewohnbaren Welt, wie sie von den Griechen ererbt worden war, verlor.

Das kleine Portugal hatte eigentlich nichts, was es für seine große Aufgabe prädestinierte, und als der portugiesische König Eduard I. (Duarte) den Entschluss fasste, Afrika zu umrunden, um den Islam zu besiegen und nach Indien zu gelangen, war von seinen Seeleuten ihre ganze Kraft gefordert. Die Eroberung Ceutas und die Umschiffung von Kap Bojador lagen schon neunzehn Jahre zurück, und die portugiesischen Seefahrer hatten bereits Fuß auf afrikanischen Boden gesetzt. Unter den Königen Alfons V. und Johann II. segelten die Karavellen mit dem Kreuz des Christusordens über die Meere und gelangten 1471, also sechsundfünfzig Jahre nach dem Beginn des großen Abenteuers, an den Äquator. Indem sie ihn überquert hatten, warfen sie uralte Mythen über den Haufen, und sie drangen erstmals in die südliche Hemisphäre, die bis dahin verborgene Erdhälfte, vor. Vasco da Gamas Ankunft in Calicut im Jahr 1498 war die letzte Etappe einer Reihe von Unternehmungen, die sich über dreiundachtzig Jahre erstreckten. Siebenundneunzig Jahre dauerte es, bis die Portugiesen die Molukken, das Land der Gewürznelke und der Muskatnuss, erreichten. Ein ganzes Jahrhundert und ein Jahr brauchten sie, um »Kathai« (China) kennen zu lernen, und weitere sechsundzwanzig Jahre, um erstmals den Fuß nach Japan zu setzen, nach »Cipango« mit den goldenen Palästen des Marco Polo.

Der Teil der Welt, der 1492 im Vertrag von Tordesillas dem portugiesischen König zugesprochen wurde. Die Armillarsphären am Rand symbolisieren die Öffnung der Welt durch Portugal. König Johann II. überreichte diese Handschrift dem Herzog von Beja, dem künftigen D. Manuel I., als Zeichen der Kontinuität bei der Erkundung der Indien-Route. Miniatur in: *Cronica del Rei D. Alfonso Henriques* von Duarte Galvão. Erstes Viertel des 16. Jahrhunderts.

Nach der landläufigen Auffassung entdeckte Vasco da Gama den indischen Subkontinent für Heinrich den Seefahrer, und Amerika soll von Christoph Kolumbus im Namen der spanischen Könige Isabella von Kastilien und Ferdinand von Aragonien entdeckt worden sein. In Wirklichkeit wusste schon Alexander der Große, dass Indien existierte, und der Infant Heinrich war bereits seit fast vierzig Jahren tot, als die erste Indien-Flotte in Calicut vor Anker ging. Auch wird behauptet, die Schifffahrt habe sich erst entscheidend weiterentwickelt, als sie sich die technischen Neuerungen der Renaissance zunutze machen konnte, den Kompass und die Karavelle. Der Kompass war jedoch im Mittelmeerraum schon seit dreihundert Jahren verbreitet; und ein Schiffstyp wie die Karavelle konnte solche Entdeckungsfahrten vielleicht erleichtern, doch unverzichtbar war er nicht.

Für die Christenheit war die so vielschichtige, facettenreiche Geschichte der Entdeckungen und insbesondere die Suche nach dem direkten Seeweg nach Ostindien gleichbedeutend mit einer kulturellen Revolution.

DIE ÜBERWINDUNG VON KAP BOJADOR

Kein Logbuch schildert die Eindrücke des Schildknappen Gil Eanes von Lagos, der mit seinen Gefährten auf Geheiß des Infanten Heinrich im Jahr 1434 das Kap Bojador umschiffte, so real, wie sie sich tatsächlich ereigneten. Ein Dutzend andere vor ihnen hatten bereits vergeblich versucht, ihrer Ängste vor dieser Herausforderung Herr zu werden. Das Problem bestand darin, sich aus den gewohnten Fahrwassern des Mittelmeers über eine gefürchtete Landzunge hinaus auf die hohe See zu wagen, um in Breiten vorzustoßen, von denen die Sage ging, dass die Haut der Menschen dort schwarz würde und die Schiffe von der unbezwingbaren Strömung erfasst und zum Äquator getrieben würden, in jene Zone, wo die Luft und das

ITEM
TREOME
ALES

Prolleguo derigido ao sere
nissimo e muito poderoso
principe elRey dom manuell nosso Sor
nobre as virtudes e excellente. Segundo Rei
de portugall seus antecessores hordenado
e escriptos per seu mandado per duarte gal
uam fidalguo de sua casa do seu conselho
No quall falla da grande louuor de presentar
Materia que he o propio e verdadeiro louuor
dos mesmos Reis de portugall

Muito alto e serenissimo Senhor trabalharom os
homees por em sua vida obrarem virtudes por
que merecam a deos no outro mundo. E neste
leixem de seu tempo memoria nam soomente que viueram co
mo as alimarias tem per ygoall com nosquo. Mas que bem
e louuadamente viueram que he propio do homem. O quall
tendo a vida em dias breue com a virtude a faz longua e
durar mais do que morre viuendo depois da morte. No outro
mundo per gloria e neste per exemplo. Assy que pera nos necessa
rio nos he nossa virtuosa vida pera os outros nossa virtuosa
fama. isto como quer que a todos conuem. Muito mais cabe aos
principes e Reis. Ffazello cuja maior excellencia de seu
nome diz laguo maior obriguaçam de seu cargo que he serem
Reys postos per deos seus brigabies principaaes natura sobre
os outros homees pera executarem exemplo de virtude. Mas he

Aber Ihr sollt wissen, dass, obwohl er sie viele Male dorthin schickte und außerdem Männer sandte, die aufgrund großer Taten im Waffenhandwerk bei den anderen einen vortrefflichen Namen besaßen, nie einer unter ihnen war, der gewagt hätte, über jenes Kap Bojador hinauszufahren (...). Und das, um die Wahrheit zu sagen, geschah nicht aus Mangel an Mut oder gutem Willen, sondern wegen der Neuheit der Unternehmung, wobei noch ein allgemeines und altes Gerücht hinzukam, das schon, wie ein Erbe über Generationen hinweg, unter den Seefahrern von Spanien herrschte. Und selbst wenn es ein Irrtum sein sollte, so bestand doch, weil der Versuch einer derartigen Sache mit dem nachfolgenden Schaden bedroht war, ein großer Zweifel, wer der Erste sein würde, der sein Leben einem solchen Wagnis aussetzen wollte. So sagten sie: Welchen Nutzen kann dem Infanten der Verlust unserer Seelen und damit unserer Leben bringen, denn bekanntermaßen würden wir Mörder unser selbst sein.

Gomes Eanes de Zurara (Azurara).
Crónica da Guiné (Chronik aus Guinea), um 1453.

Vorherige Seite:
An Bord der Karavelle *Boa Esperança*. Nachbau der portugiesischen Karavelle aus dem 15. Jahrhundert. Heinrich der Seefahrer ließ die Segel mit dem Kreuz des Christusordens versehen, dessen Großmeister er war.

Linke Seite:
Portugiesische *Nao* vor Anker. Ausschnitt aus dem *Martyrium der Hl. Ursula und ihrer elftausend Jungfrauen*. Flügelaltar der Hl. Aukta aus der Kapelle des Klosters Madre de Deus in Lissabon. Cristovão de Figueiredo und Garcia Fernandes zugeschrieben, um 1520.

Hintergrund-Illustration:
Kosmograph oder Lotse mit Armillarsphäre und astronomischer Tafel. Aus dem *Guia Náutico* (Handbuch der Nautik) von Evora, einem der ältesten gedruckten nautischen Dokumente Portugals. Um 1516.

Wasser so glühend heiß wie in einem Waschkessel wären. Nach dem Breitengrad von Marokko und den Kanarischen Inseln begann das Ende der Welt.

Gil Eanes startete zwei Versuche. Dem Flugpiloten gleich, der als Erster die Schallmauer durchbrach, ohne zu wissen, was ihn jenseits des wissenschaftlich Erforschten erwartete, wusste auch er nichts und war auf das Schlimmste gefasst. Obwohl die portugiesischen Seefahrer ihre Ängste nicht schriftlich festgehalten haben, sind sie menschlich mühelos nachvollziehbar. Entschlossen tasteten sie sich an die Grenzen der bekannten Welt vor, in das Dunkel des Irrationalen, der Mythen und heiligen Legenden, der noch unberührten Räume, jedoch in der ständigen Furcht, in ihren Gesichtern, auf ihren Händen die Wundmale der ewigen Verdammnis zu entdecken. »Selbst wenn die Unternehmung, was die Mühsal betrifft, minder gewesen sein sollte, so verdiente sie allein aufgrund ihrer Kühnheit, für bedeutend angesehen zu werden«, lautete der Kommentar des späteren Chronisten Azurara.

Eilig kehrte der Knappe an den Hof zurück, um dem Infanten Heinrich Bericht zu erstatten. Er erzählte ihm in allen Einzelheiten, wie sich die Reise zugetragen hatte und wie er das Beiboot ins Wasser gelassen habe, um an Land zu gehen, wo er weder Menschen noch Anzeichen einer Siedlung gefunden habe. »Und weil mir schien, Herr«, sagte Gil Eanes, »dass ich irgendeinen Beweis von dem Land mitbringen müsste, nachdem ich es betreten hatte, pflückte ich diese Pflanzen, die ich Euer Gnaden hier überreiche und welche wir in diesem Königreich Rosen der Heiligen Maria nennen.«

Bei den *Rosas de Sancta Marya* handelt es sich um die Rosen von Jericho, verholzte ballförmige Gebilde, die damals so wertvoll waren wie für uns heute die ersten Gesteinsproben vom Mond.

Daraufhin befahl der Infant seinem Knappen Gil Eanes und seinem Mundschenk Alfonso Gonçalves Baldaia, noch einmal dorthin zurückzukehren, um diesen Vorhof zu einer unbekannten Welt näher zu erforschen. »Und sie segelten fünfzig Léguas über das Kap hinaus, wo sie ein Land ohne Behausungen, aber Spuren von Menschen und Kamelen vorfanden.«

Zwei Jahre später brach Alfonso Gonçalves erneut gen Süden auf. An einer Stelle, wo er die Mündung eines Stromes vermutete, ging er an Land, und er nannte den Fluss Rio de Ouro (Goldfluss). Zwei Knappen von edler Herkunft, Heitor Homem und Diogo Lopes, drangen auf Pferden in das Innere vor. »Und damit sie selbst und die Pferde weniger Mühe hätten, befahl er, dass sie keinerlei Waffen zur Verteidigung mitnehmen sollten, sondern nur ihre Lanzen und Schwerter, um anzugreifen, wenn es nötig sein sollte. Denn wenn sie auf Leute stießen, die sie gefangen nehmen wollten, würden die Hufe ihrer Pferde die beste Hilfe darstellen, es sei denn, sie träfen einen einzelnen Menschen an, dessen sie sich ohne Gefahr erwehren könnten. Bei der Erfüllung dieser Aufgabe bewiesen die beiden Knappen schon, welch kühne Männer sie späterhin sein würden; denn da sie so weit von ihrer Heimat entfernt waren, wussten sie weder, auf welche noch auf wie viele Leute sie stoßen würden, ganz zu schweigen von den wilden Tieren, durch deren Anblick und Furcht erregendes Gebaren sie wegen ihres zarten Alters, denn sie waren beide kaum älter als

Im Golf von Guinea kam es zur ersten direkten Begegnung zwischen Orient und Okzident. Die Portugiesen entdeckten die Bronzearbeiten von Benin, und die afrikanischen Künstler bildeten die so ungewöhnlich gekleideten Fremden mit ihren Feuerwaffen in ihren Werken nach. Bronzeplatten. Benin, 16.–17. Jahrhundert.

Linke Seite:
Krieger und Musikanten.

Unten:
Portugiese mit langen Haaren, Bart und Feuerwaffe.

siebzehn Jahre, verschreckt werden konnten.« In der Tat stießen sie auf eine Gruppe von Eingeborenen, gegen die sie sich zur Wehr setzten mussten. Diese kurze Exkursion auf unbekanntem Gelände war für die damalige Zeit von ebenso großer Bedeutung und stellte ein ebenso großes Wagnis dar wie die erste Erkundung des Mondes 1969 durch Neil Armstrong und Buzz Aldrin im *Mare tranquillitatis*.
Die wichtigste Voraussetzung für die Entdeckung der Erde war also nicht der noch recht unzuverlässige Kompass, und auch nicht die Karavelle, die der Barca und der kleinen mit Ruder ausgestatteten Barrinel zu diesem Zeitpunkt noch unterlegen war. Am wichtigsten war die Bereitschaft der Seeleute, den Vorstoß in den Atlantik zu wagen, der damals noch das *Mare Oceanum* war, ein Ozean, der ins Nichts führte.

UNTER ANDEREN STERNEN

Jahr für Jahr stießen die Portugiesen ein Stück weiter nach Süden an der endlos langen Küste Afrikas vor. Den ersten wirtschaftlichen Nutzen dieses Unternehmens zogen sie aus dem Verkauf der Sklaven, derer sie in den Ländern der Mauren habhaft wurden, um sie in Lagos, wo die Schiffe nach Westafrika in See stachen, und später auch in Lissabon auf dem Markt zu verkaufen. Mitte des 15. Jahrhunderts wurde in Lissabon das staatliche Handelshaus Casa da Guiné gegründet. Als 1481 im Zuge der Goldfunde in Ghana Fort El Mina entstand, wurde aus dem Guineahaus das Haus der Mine.
Da sich der Rückweg der Schiffe nach Lagos durch die starken Passat- und Harmattan-Winde zu lange verzögerte, entwickelten die Portugiesen einen neuen Schiffstyp, die Karavelle, die auch bei Gegenwind gut vorankam, und sie machten sich die günstigen Westwinde auf dem hohen Meer zu Nutze, indem sie die Karavellen, wenn es die meteorologischen Verhältnisse erforderten, in weitem Bogen, einer so genannten Volta, auf den offenen Atlantik hinaus steuerten. Dies machte die Entwicklung angemessener Navigationsmethoden auf der Grundlage der Positionsbestimmungen nach den Gestirnen und mit Hilfe der Kompasstechnik notwendig. Im Verlauf der portugiesischen Entdeckungsreisen nach Westafrika, dokumentiert durch unzählige *Padroes* in Form von hölzernen Kreuzen und Steinpfeilern, die nach jeder neuen Etappe zur Markierung des portugiesischen Machtanspruchs aufgestellt wurden, entstand eine einzigartige wissenschaftliche Datensammlung, durch die sich das in der Antike verhaftete mittelalterliche Wissen innerhalb kurzer Zeit vervielfachte.

Der Fundus an unbekannten Pflanzen, Insekten und anderen Tieren hielt manche Sensation bereit. Zum Beispiel den Brotfruchtbaum, dem der französische Botaniker Michel Adanson drei Jahrhunderte später den Namen »Baobab« gab. Schon 1445, als die Portugiesen unter Ritter Lançarote de Ilha die Insel Gorée vor Dakar besichtigten, bestaunten sie diese Bäume: »Sie fanden dort sehr große Bäume von seltsamem Aussehen, darunter einen, der am Fuße des Stamms einhundertacht Spannen maß.« Ungefähr zehn Jahre später berichtete der venezianische Kaufmann und Abenteurer Alvise Ca' da Mosto, der geschäftlich nach Gambia reiste, von einer Stelle, an der »alles mit grünen Bäumen bewachsen ist. Was die Größe dieser Bäume anbelangt, möchte ich Folgendes erzählen: Bei einer Wasserquelle, ganz in der Nähe der Uferstelle, wo wir uns mit frischem Wasser versorgten, sahen wir einen außerordentlich hohen und dicken Baum, dessen Umfang kaum geringer war als seine Höhe. Etwa zwanzig Schritt hoch, maß er unten am Stamm rund siebzehn Schritt im Umfang.«
Die Wissbegier dieses Reisenden kannte keine Grenzen. »Ich durfte mir von dem Tierkadaver nehmen, was ich wollte. Was ich übrig ließ, bekamen die Jäger zum Essen. Ich schnitt mir also ein Stück Fleisch aus dem Tierkörper heraus, das ich dann, geröstet und gebraten, auf meinem Schiff aß. Nunmehr konnte ich mit Recht behaupten, dass ich das Fleisch eines Tieres gegessen hatte, das vor mir noch keiner meiner Landsleute gekostet hatte. Freilich schmeckte das Elefantenfleisch nicht sehr gut, es war zäh und zudem noch fad. Außerdem schaffte ich einen Fuß dieses Tieres an Bord, ebenso ein Stück von seinem Rüssel und einige Körperhaare, die mindestens eineinhalb Spannen lang waren, vielleicht sogar etwas länger. Wieder zurück in Portugal, zeigte ich all dies Prinz Heinrich, der es als großes Geschenk entgegennahm. Schließlich waren dies die ersten Dinge, die er aus dem Land erhielt, das dank seiner Bemühungen und Anstrengungen entdeckt worden war.«

Rechte Seite:
Planiglobium von Sebastiano Caboto mit der Portugal unterstellten östlichen Hälfte der Welt (1544). Gedruckt 1559 von Clement Adams. Diese Weltkarte entsprach dem letzten Stand der Geographie unter Berücksichtigung der in Tordesillas von Kastilien und Portugal beschlossenen Demarkationslinie.

Abbildung unten:
»Hémisphère Marin« von Jacques Devaulx. Dieses Instrument zur Positionsbestimmung auf dem Meer war einer der utopischen Entwürfe des Flamen Michel Coignet 1581 zur Lösung astronomischer Fragen mittels der Mechanik *(Instruction nouvelle)*. *Premières Œuvres* von Jacques Devaulx, Lotse aus Le Havre, 1583.

VI MENSIVM EST
T V M P E R T O T V M
A R T I C V S
DENT ALIS
CANCRI
OCCIDENTALIS
Pont' Euxinus
Libia deserta
Indicum pelagus
Sinus Gangetic
Mare Rubru
Linea equinoctialis
Leguas de latitud
Leguas de longitud
A P R I C O R N I
MARE PRASSODVM
TERRA VEL MARE INCOGNITVM
A N T A R T I C V S
T V M P E R T O T V M
VI MENSIVM

Ca' da Mosto kam in der Mitte des 15. Jahrhunderts zweimal nach Guinea. Sein naturkundliches Interesse bezog sich nicht nur auf die exotischen Tier- und Pflanzenarten, sondern auch auf die Gestirne am südlichen Himmel. In seinen Aufzeichnungen wurde das Kreuz des Südens über dem Atlantik erstmals erwähnt. »Als wir uns an der Flussmündung (Gambia) aufhielten, erblickten wir nur einziges Mal den Polarstern, der sehr tief am Horizont zu stehen schien, deshalb konnten wir ihn nur in klaren, ruhigen Nächten sehen; aber selbst dann befand er sich nicht höher als eine Lanzenlänge über dem Meer. Wir entdeckten auch eine Gruppe von sechs Sternen, die dicht über dem Meer standen, groß, leuchtend und strahlend, und die uns als Anhaltspunkte dienten. Sie erschienen im Süden und formten ein Kreuz in folgender Ordnung:

✳

✳ ✳✳✳

✳

Zunächst meinten wir den Kleinen Bären des Südhimmels zu sehen, aber wir konnten den hellsten Stern nicht entdecken, und das war natürlich nicht möglich, ohne den Polarstern aus den Augen zu verlieren.«

Was er sah, waren die Sterne an dem uns entgegensetzten Pol, die nach Dante »niemand seit dem Sündenfall gesehen«. Der Dichter hatte von ihnen über die aus China heimkehrenden Kaufleute erfahren, ohne sie jemals selbst gesehen zu haben. »Der Himmel, schien es, freut sich ihres Glanzes. Bedauernswertes Menschenland im Norden, dass es dir nicht vergönnt ist, sie zu schauen.« Ca' da Mosto befand sich genau an der Stelle, hinter der sich der Polarstern den Blicken entzieht. Dieser Stern, der schon den Seefahrern der Antike den Weg gewiesen hat, war der einzige Bezugspunkt, nach dem sich der Breitengrad und somit die Position der Schiffe auf dem Meer auf ihrer schier endlos langen Fahrt vor der westafrikanischen Küste bestimmen ließ.

Es galt also, den gesamten Wissensstand der Menschheit einer Revision zu unterziehen. Und noch einmal waren es die Portugiesen, die sich beträchtlich um den Fortschritt der Navigation verdient machten. Ende des 15. Jahrhunderts entdeckten sie, dass sich der Breitengrad auf dem Meer nach dem Stand der Sonne bestimmen ließ. In einem Aufsatz über die Seekarte von Pedro Nuñes aus dem Jahr 1537 erscheint einer der schönsten Sätze aus den portugiesischen Chroniken, und der Portugiese Nuñes war nicht Dichter, sondern Nautiker: »Wir haben andere Inseln, andere Länder, andere Meere, andere Völker entdeckt; aber mehr noch als das: einen anderen Himmel und andere Sterne.«

Karte vom Kap der Guten Hoffnung, mit so genannten *Padrões* verziert. Mit diesen steinernen Wappenpfeilern markierte Portugal seine von Jahr zu Jahr fortschreitende Eroberung der Küsten Afrikas. *Portulan* aus dem *Roteiro* von Francisco de Roís, Steuermann der Expedition unter António de Miranda Azevedo, der portugiesische Siedler zu den Molukken brachte (1513–1516).

DAS KAP DER STÜRME

1484, kurz nach seiner Thronbesteigung, verwarf König Johann II. den Plan eines Genuesen, der sich in Lissabon aufhielt, Indien auf dem Westweg anzusteuern. Obwohl den König der Gedanke nicht gleichgültig ließ, sah er sich aus materiellen und psychologischen Gründen außer Stande, dieses Vorhaben weiter zu verfolgen. Denn wie seine Vorgänger Johann I., Eduard I. und Alfons V. fühlte er sich vor allem den

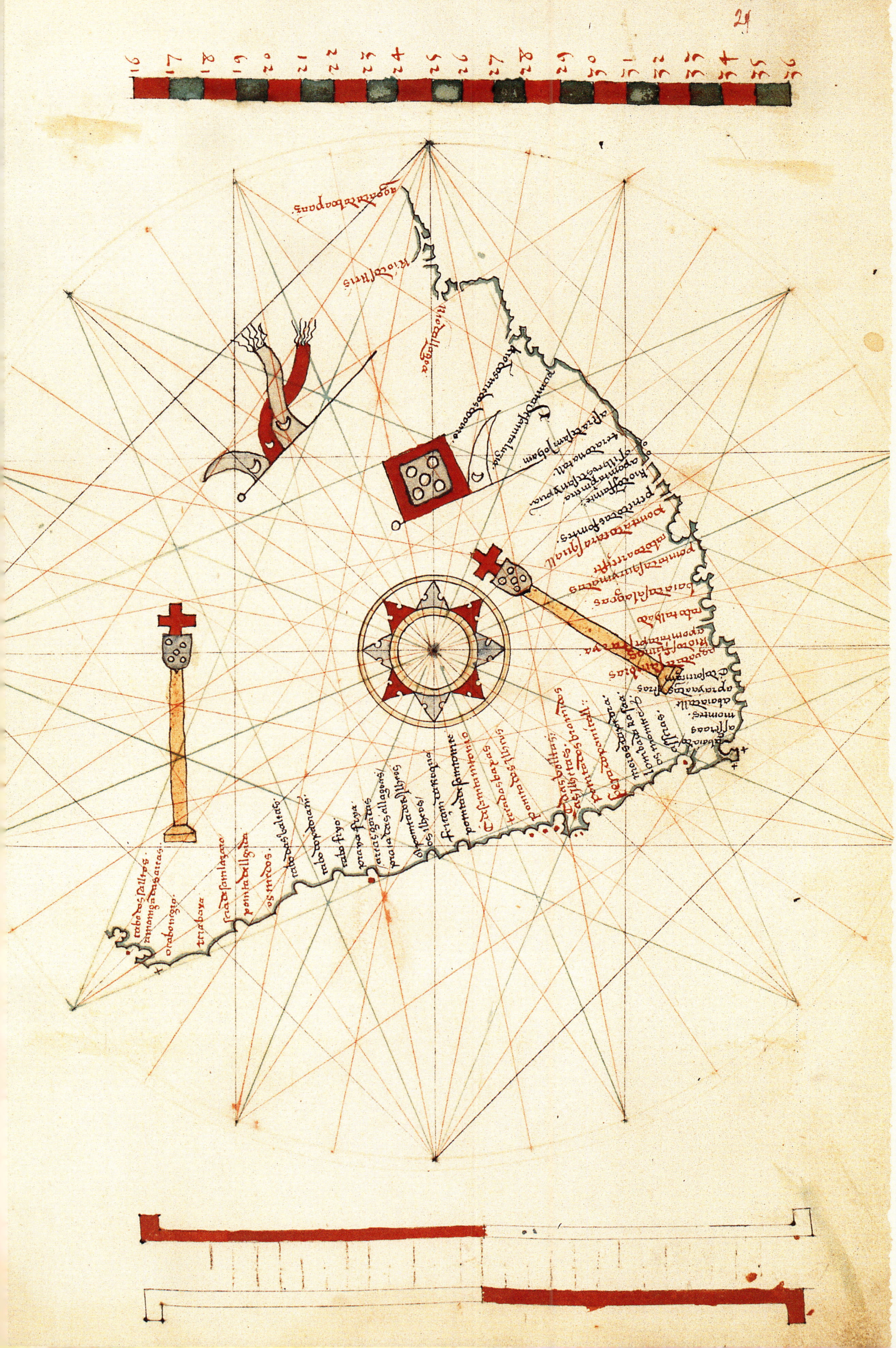

machtpolitischen Interessen des Hauses Avis im Geiste des Prinzen Heinrich verpflichtet.

Bartolomeu Diaz, ein Ritter des königlichen Hofstaats, erhielt den Oberbefehl über eine neue Expedition, die bis an die Grenzen des unermesslich großen Afrikas vorstoßen sollte. Ende August 1487 stach die Flotte in Lissabon in See. Von dieser Reise sind keine authentischen schriftlichen Zeugnisse erhalten. Die Schiffe umrundeten die Südspitze Afrikas bei stürmischer See, ohne sie zu sehen. »Als der Sturm endlich abflaute, suchte Bartolomeu Diaz Land im Osten, weil er annahm, die Küste verliefe von Norden nach Süden. Als sich nach einigen Tagen auf hoher See immer noch nichts zeigte, was auf Landnähe schließen ließ, segelte er nach Norden und erreichte eine Bucht. Er gab ihr den Namen Angra dos Vaqueiros (Kuhhirtenbucht) nach den vielen Rindern, die dort in der Obhut von Hirten weideten.« Kap Vacca befindet sich auf 22° östlicher Länge in Südafrika. Als sie im Hafen (heute Port Elizabeth) anlegten, beriet sich Diaz mit den Besatzungen, die sich weigerten, die Fahrt fortzusetzen. Trotzdem stellte Diaz einen letzten Padrao auf 27° östlicher Länge auf, bevor er umkehrte. Als er die Landspitze auf dem Rückweg passierte, gab er ihr den Namen »Kap der Stürme». Johann II. von Portugal benannte es in »Kap der Guten Hoffnung« um, weil es ihm die Zuversicht gab, nun endlich nach Indien zu gelangen.

Der portugiesische Dichter Luis de Camões widmete den Fünften Gesang seiner *Lusiaden* der Erscheinung des Riesen Amastor, der über den Zugang zur Indien-Route herrschte: »Ich bin euch das geheimnisvolle, große / Das Kap, von euch der Stürme Kap genannt, / Das keiner, der entsprang aus Mutterschoße, / Kein Strabo nicht, kein Plinius je erkannt; / Hier schließ ich, jedem Blick im Windesstoße / Verweigert, Afrikas gesamtes Land, / Wo es die Küste nach dem Südpol streift, / An dem sich euer Wagnis so vergreift! / Hör, dass der Flotten jede, der die Reise / Tut, die du tust, weil ihr Gefrevel voll, / Von Not her dieser Strich nach Feindesweise / Mit ungeheuren Stürmen grüßen soll, / Und dass der ersten, der in diesem Kreise / Über verbotener Flut das Segel schwoll, / Ich unvermutet solche Strafe zeige, / Dass ihre Qual die Fährnis übersteige.« Diese Verse beziehen sich auf eine Episode aus dem portugiesischen Heldenepos. Im Jahr 1500 kam in der Umgebung der Insel Tristan da Cunha ein Sturm auf, und die portugiesische Flotte, die den Grundstein zu einem Kolonialreich in Indien legen sollte, wurde von dem tosenden Meer am vierzigsten Breitengrad verschlungen. Bei seinem Versuch, das Kap ein zweites Mal zu umrunden, fand Bartolomeu Diaz den Tod.

GÜNSTIGE VORZEICHEN

Die zahlreichen Warnungen derer, die sich gegen die Eroberung Indiens aussprachen, außer Acht lassend, allein von dem Gedanken beseelt, die Ziele des Infanten Heinrichs und die enttäuschten Hoffnungen König Johanns II. weiter zu verfolgen, ließ Manuel I. der Glückliche eine neue Indien-Flotte ausrüsten, die er dem Kommando Vasco da Gamas unterstellte. Als da Gama, Ritter des königlichen Hofstaats, seinen Treueeid leistete, schwangen in seinen Worten Hochmut und feierlicher

Hintergrund-Illustration: Vasco da Gama. Holzschnitt nach einer Tuschzeichnung von Gaspar Correia für die Handschrift des zweiten Teils seiner *Lendas da India*. Mitte des 16. Jahrhunderts (nach 1540).

Rechts: Aufbruch der Flotte. Illumination von Além-Douro für den vierten Band der *Leitura Nova* von D. Manuel. Mitte des 16. Jahrhunderts. Diese rund sechzig prachtvoll illuminierten Bände mit den wichtigsten Gesetzestexten und Beschlüssen Portugals wurden jedes Jahr unter Aufsicht des Leiters des Königlichen Archivs ergänzt.

Stolz über diesen königlichen Auftrag mit; er war durchdrungen von seinem Sendungsbewusstsein und voller Tatkraft für die große Sache.

»Ich, Vasco da Gama, der ich jetzt von Euch, allerhöchster und mächtigster König, mein Lehnsherr, den Befehl erhalten habe, auszuziehen und die Meere und Länder Indiens und des Orients zu entdecken, schwöre auf das Zeichen dieses Kreuzes, auf das ich meine Hände lege, dass ich im Dienste des Allerhöchsten und Euer selbst es aufrechterhalten und es angesichts der Mauren, Heiden oder anderen Ungläubigen, denen ich begegnen könnte, nicht verlassen werde. In jeder Gefahr, sei es Wasser, Feuer oder Schwert, werde ich es immer verteidigen und schützen, selbst bis zum Tod. Und weiter schwöre ich, dass ich bei dem Auftrag, den Ihr, mein König und Herr, mir gegeben habt, mit aller Treue, Ergebenheit, Aufmerksamkeit und Klugheit eure Befehle beachten und durchsetzen werde, bis ich an die Stelle zurückkehre, an der ich jetzt in Gegenwart Eurer Königlichen Hoheit stehe. Gott helfe mir.«

Die kleine Flotte umfasste vier Schiffe, deren größtes kaum mehr als hundert Tonnen Wasser verdrängte. Am 8. Juli 1497, dem Ehrentag der heiligen Maria von Bethlehem, versammelten sie sich am Strand von Restello vor Lissabon, ungefähr an der Stelle, wo sich heute der Turm von Belém erhebt. In der Zeit der *Carreira da India* erhielt dieser Ort den Beinamen »Strand der Tränen«.

Der Chronist João de Barros schilderte in seinen *Decadas da Asia* in der Mitte des 16. Jahrhunderts den Aufbruch dieser Expedition: »Als der Zeitpunkt der Abreise nahte, ließen die Mönche der Einsiedelei und einige Geistliche aus der Stadt, welche die Messe hielten, die versammelten Gläubigen sich zu einer Prozession aufstellen: allen voran die Mönche und die Priester; ihnen folgten Vasco da Gama, die anderen Kapitäne und ersten Offiziere der Flotte, die alle eine brennende Kerze hielten; dahinter ging die Menge, die auf die Litaneien antwortete, die von den

El Rey

Por quanto vos don Juan de Guzman duque de Medina Sidonia mi primo y del mi consejo me fezistes relaçion deziendo que cierta tierra que ago de Africa nuevamente sea descubierto allende de la mar al traves de las Canarias que dezis que es desde el Cabo de Aguer hasta la tierra alta y el cabo de Bojador con dos rios en este termino al uno llaman la Mar Pequeña donde ay muchas pesquerias e se puede conquistar la tierra adentro en que me suplicastes e pedistes por merced vos hiziese merçed de todo ello porque en lo conquistar e tenerlo vos dezis seria yo muy servido e como mas mi merçed fuese e yo acatando los muchos e leales servicios que vos el dicho duque me avevs fecho e fazeys continuo e fareys de aqui adelante tovelo por bien. Por ende por la presente cedula vos fago merced a vos el dicho duque de toda la dicha mar e tierra desde el cabo de Aguer hasta la tierra alta e cabo de Bojador con todos los rios e pesquerias e rescates e con la tierra adentro e los puertos e todos los otros derechos e pechos e la justicia e jurisdiçion alta e baxa mero mixto imperio e con todo lo demas que en ello me pertenesçe e al señorio e corona real de sus reynos. Exçeptando para mi e para los reyes que despues de mi vinieren la suprema jurisdicion e mineros de oro e plata e otros metales la qual merced e donaçion vos fago e doy para agora por juro e heredad para siempre jamas para vos e para vuestros herederos e subçesores los que de vos ovieren de aver e heredar e mando que persona alguna vos lo contradiga ni perturbe por que yo como rey y señor que no reconosçe en lo temporal superior e de mi proprio motu e çierta ciençia e poderio real absoluto vos fago esta dicha merçed e donaçion de toda la dicha mar e tierra e playas e cabos de Aguer e Bojador e tierra firme con las pesquerias de los rios e con todo lo que dicho es y por la presente vos doy mi poder para que tomedes la posesion corporal e natural del casi de todo ello e mando que se vos den e entreguen las mis cartas patentes e previllegios de lo suso dicho quando las pidieredes e menester los ovieredes sola mente por esta mi çedula. Con que la aya de dar sola mente por otro pedimiento mi mandamiento dada en Valladolid a ocho dias de julio año del nasçimiento de mill e quinientos e catorze años.

Yo el Rey

Por mandado del Rey
[illegible]

Linke Seite:
Seite aus einer Handschrift über die Reise von Vasco da Gama, Alvaro Velho zugeschrieben.

Unten:
Schloss und Kathedrale von Lissabon, vor dem Erdbeben von 1755. Das Hafenviertel am Tejo sah noch genau so aus wie zu Beginn der großen Entdeckungen. Azulejo aus dem Kloster Ordem Terceira da Penitência do Seráfico Padre São Francisco in Salvador da Bahia (Brasilien). Erste Hälfte des 18. Jahrhunderts.

Geistlichen an der Spitze des Zuges gesungen wurden. Langsam zogen sie voran, bis sie die Boote erreichten, die Vasco da Gama und die Seinen zu den Schiffen übersetzen sollten. Da wurde es still, und die Anwesenden knieten nieder, und der Vikar erteilte nach einem allgemeinen Sündenbekenntnis allen, die auf die Schiffe gingen, die Plenarabsolution, wobei er sich nach den Anweisungen der päpstlichen Bulle richtete, die dem Infanten Heinrich übergeben worden war. Dann brach ein großes Wehklagen aus, und es wurden so viele Tränen vergossen, dass sie gereicht hätten für alle weiteren Flotten, die von nun an jedes Jahr in die fremden Länder, die Vasco da Gama entdecken sollte, in See stechen würden. Und als sie die Segel setzten und die Matrosen, wie immer, wenn sie eine Reise antraten, ihr fröhliches ›Gute Reise! Gute Reise‹ zum Abschied riefen, flossen die Tränen der Zurückgebliebenen noch stärker als zuvor. Und sie flehten zu Gott um Beistand für ihre Lieben an Bord und brachten sich gegenseitig ihre Empfindungen zum Ausdruck.«

»Die Flotte änderte ihren Kurs und fuhr in einem großen Bogen auf die hohe See, um günstigere Winde zu nutzen. Nach vier Wochen näherten sie sich der Südspitze Afrikas. Schwere Unwetter und die hoch aufsprühende eisige Gischt behinderten die Schiffe, füllten sie mit Wasser, und während sie sich mühsam einen Weg zum Ende der Welt bahnten, machte sich innerhalb der Besatzung allmählich Unmut breit. Die Nächte wurden länger. Das Kap der Guten Hoffnung wurde am 22. November, nach viereinhalb Monaten auf dem Meer, umschifft. Völlig ermattet segelten sie gegen die Strömung nach Nordwesten, im ermüdenden Wechsel von Windstille und Sturmböen.«

»Als Stimmen laut wurden, Vasco da Gama möge doch umkehren, erwiderte er, vor Gott bei seiner Seele geschworen zu haben, nicht einen Faden von dem gesetzten Ziel abzuweichen, und dass er den Nächsten, der ihm damit käme, über Bord werfen ließe. Zu Tode geängstigt, setzten die Mannschaften die Überfahrt fort; der Sturm verschlimmerte sich. Erst tobte der Wind aus allen Richtungen; jäh flaute er ab, und die Schiffe wurden zum Spielball der Wellen (...). Die Männer banden sich

mit dem Tauwerk fest, um nicht über Bord zu gehen, während auf den Schiffen alles zu Bruch ging; sie klagten laut, beteten zu Gott und flehten um Erbarmen (...). Und plötzlich erhob sich wieder der Wind und blies ärger als je zuvor; die Männer pumpten bis zur Erschöpfung, denn überall drang Wasser in die Schiffe ein. Da die Seeleute weder körperlich noch seelisch Ruhe fanden, wurden sie krank und starben vor Erschöpfung. Sie flehten ihre Kapitäne an, die Küste anzusteuern, und diese antworteten, Vasco da Gama habe das Sagen. Vasco da Gama erwiderte mit Härte und Strenge auf die Klagen der Seinen: Er habe ihnen schon gesagt, dass er nicht einen einzigen Faden zurückweichen werde, und wenn er sein Leben dafür geben müsste, denn so habe er es seinem allmächtigen Herrn gelobt; und er gestatte es nicht, weder aus Schwäche noch aus Mutlosigkeit, das Erreichte aufzugeben; er befahl ihnen, Mut zu schöpfen; nachdem sie nun das Kap umrundet hätten, kämen sie bald nach Indien, in das Land, das zu entdecken sie aufgebrochen waren.«

Die »Legenden aus Indien« des Chronisten Gaspar Correia aus dem 16. Jahrhundert sind zwar fiktiv, gleichzeitig aber sehr realistisch, was die Schilderung der Navigationsbedingungen vor dem Kap der Guten Hoffnung im Südatlantik während der Wintermonate anging. Tomé Lopes, der im Jahr 1502 als Schiffsschreiber des Estevao de Gama in Lissabon in See stach, beschrieb es so: »Dienstag den 7. Juni, um vier Uhr nachts, brach ein schwerer Sturm von Westen über uns herein; die Schiffe wurden getrennt, und am nächsten Morgen wurden nur zwei von ihnen wieder zusammengeführt, die *Júlia* und das unsere. Wir wussten nicht, in welche Richtung die Anderen abgetrieben waren. Die Nacht neigte sich dem Ende zu, und kurz bevor der Morgen graute, war das Beisegel weggerissen, es blieb uns nur das winzig kleine Vorsegel. Die dritte Böe kam mit voller Kraft: Die Rute knickte in der Mitte, und zu unserem Entsetzen barst der Mast auf der *Júlia*. An diesem Tag und in der darauf folgenden Nacht fuhren wir ganz ohne Segel und holten auch das kleine Vorsegel ein. Vor uns türmte sich das Wasser zu riesigen Wellen auf, die auf uns zurollten. Wir fürchteten uns fast zu Tode. An jenem Tag folgte ein Gelübde auf das andere, und schließlich losten wir aus, wer sich zu Unserer Lieben Frau von Guadeloupe begeben sollte.« Es handelte sich um eine Kapelle in der Estremadura, die alle Seeleute der Iberischen Halbinsel kannten.

Auch auch die Mannschaften von Vasco da Gama mussten auf dieser Etappe der Reise, wo Bartolomeu Diaz einst zur Umkehr gezwungen worden war, durch eine wahre Hölle gehen. In manchen Dokumenten ist die Rede von einer Meuterei; es steht jedoch nicht fest, ob sie sich auf dem Hin- oder auf dem Rückweg ereignete. Aber Vasco da Gamas Besatzungen hielten durch.

Am Weihnachtstag kam Land in Sicht, das sie Natal nannten, wie es heute noch heißt. Am 24. Januar 1498 warf die Flotte an der Sambesi-Mündung Anker, um die Wasservorräte aufzufüllen, die Schiffe zu reinigen und die beschädigten Stellen zu reparieren. Den Fluss nannten sie Rio dos Bòns Sinais (Fluss der guten Vorzeichen). Nun brach der Skorbut aus. »Es wurden uns dort viele Leute krank. Hände und Füße schwollen ihnen an, und das Zahnfleisch wucherte ihnen so über die Zähne, dass sie nicht mehr essen konnten.«

Hintergrund-Illustration: Muskatstrauch *(Myristica fragrans)*. Die Muskatnuss wuchs damals ausschließlich auf den kleinen Banda-Inseln (Molukken). Holzschnitt in: *Tratado de las Drogas y Medicinas de las Indias Orientales* von Cristovão da Costa, 1578.

Rechte Seite: Mosambik aus der Kavalierperspektive in einem handschriftlichen Roteiro von D. João de Castro. Hier ankerten die portugiesischen Schiffe auf dem Weg nach Goa, wenn sie die günstigen Südwestwinde verpasst hatten. Das Warten auf den Sommermonsum konnte bis zu acht Monaten dauern. Mosambik wurde zu einem wahren Beinhaus, da die Besatzungen durch tropische Krankheiten zuweilen um die Hälfte dezimiert wurden. D. João de Castro, *Roteiro de Viagem de Lisboa a Goa* (Reiseroute von Lissabon nach Goa).

MOCAMBIQVE

ESTA E ARMADA CÕ Q VELES NA COSTA DARABIA IV

DOMFERNÃDOTOMOVASGA MTODEMASCATEOANODESSSS

man ten se de trou bar he ni so a
bam sam mto valen tes homes
grandes caual guadores he fr
sualey he de Jintios

»Die Bewohner des Königreichs Cambay sind bemerkenswerte Reiter und Bogenschützen.« Die Stadt Cambay (Khambat) in Gujarat, nördlich von Bombay, bildete im Zeitalter der Entdeckungen die Pforte zum Hinterland Nordindiens.

Linke Seite:
Zwei Reiter in Cambay.

Rechts:
Portugiese mit Diener und Sonnenschirm. Anonyme portugiesische Handschrift, Mitte des 16. Jahrhunderts. *Codex Casanatense.*

Folgende Seite:
Diese *Geburt Christi* (1. Viertel des 16. Jahrhunderts) wird António de Holanda zugeschrieben. Die drei Könige überbringen dem Christuskind Perlen, Edelsteine aus Indien und portugiesische Goldmünzen. Im Vordergrund der wertvolle Portuguez des D. Manuel, der zehn Cruzados entsprach. Illumination aus dem Stundenbuch des D. Manuel (1517–1538).

Calicut, da der Lotse die Stadt, die dort liegt und Capcate heißt, für Calicut hielt. Im Norden dieser Stadt liegt noch eine andere, die Pandarane genannt wird. Ungefähr anderthalb Leguas vom Land entfernt warfen wir Anker.« Sicherlich hatte der Lotse sich nicht geirrt, sondern nach einem geeigneten Ankerplatz für das Geschwader gesucht.

In Pandaran (Pandalayini) im Norden von Calicut, aber »unterhalb« der Winde, wie es in dem Bericht heißt, sollte Vasco da Gama einige Tage später auf Anraten des Radscha von Calicut anlegen. Es war der einzige Hafen, den sie auf Grund besonderer Strömungsverhältnisse trotz der aus Südwesten heranrollenden starken Dünung anlaufen konnten. Andernfalls hätten sie nicht an Land gehen können, weil die Häfen an der Malabarküste während der Sommermonate wegen der Monsune unzugänglich waren. Da Vasco da Gama bis dahin nie etwas von dem Monsunwechsel gehört hatte, wäre sein Unterfangen fehlgeschlagen.

Am 21. Mai kam es zu einem ersten Wortwechsel zwischen einem Portugiesen, einem Verurteilten, der sich durch riskante Aufgaben freizukaufen hoffte, und zwei indischen Mauren, die aus Tunis kamen und des Kastilischen und des Genuesischen mächtig waren. Alvaro Velho hat diesen Dialog aufgezeichnet, der aus einem Stück von Goldoni stammen könnte: »Hol Euch der Teufel! Was hat Euch hierher geführt?« Dann fragten sie ihn, was er so fern seiner Heimat suche, und er antwortete: »Wir sind gekommen, um Christen zu machen und Gewürze zu suchen.«

Der Umgangston dieser ersten Begegnungen unter Angehörigen einander völlig fremder Kulturkreise war ziemlich grob. Er zeugte von der Irritation der arabischen Kaufleute, die dort lebten und ihr Welthandelsmonopol, das sie mit Venedig und Arabien teilten, durch die Fremden gefährdet glaubten. Außerdem zeigte sich hier, im Gedränge der Missionare und Abenteurer auf der Suche nach Gold und Seelen, das Unternehmen der überseeischen Expansion in seiner ganzen Zwiespältigkeit. Derart widersprüchliche Motive bildeten anscheinend das Fundament eines kohärenten Gesellschaftsmodells; aber die Herrscher der Avis-Dynastie wussten sehr wohl, dass sie die Stabilität Portugals damit gefährden würden.

»Als er gefragt wurde, warum nicht die Regierungen von Kastilien, Frankreich oder Venedig Abgesandte geschickt hätten, antwortete er: ›Weil der König von Portugal es nicht erlaubt hat.‹ Daraufhin wurde er freundlich empfangen und erhielt Weizenbrot und Honig zur Stärkung ...«

Während sich Vasco da Gama in Calicut aufhielt, kam es zu zahlreichen Missverständnissen. Unbeeindruckt von der Kultur ihrer Gastgeber, hielten die Portugiesen

Danach wandte er sich an den Kommandanten, der ihm gegenüber saß, und sagte ihm, er möge mit den Würdenträgern, die ihn umgaben, sprechen und ihnen sagen, was er wolle; diese würden es ihm dann mitteilen. Vasco da Gama antwortete, er sei Botschafter des Königs von Portugal und wolle ihm eine Botschaft überbringen, doch würde er sie nur ihm selbst ausrichten, niemandem sonst. Der König erwiderte, das sei ihm ganz recht so, und ließ ihn in ein anderes Gemach führen. Als Vasco da Gama sich entfernt hatte, erhob sich der König von dem Platz, an dem er war, und folgte dem Kommandanten. Wir aber blieben in dem Raum, in dem wir waren. (...) Als der König in den Raum kam, in dem sich unser Kommandant schon befand, warf er sich auf ein anderes Ruhebett, auf dem viele golddurchwirkte Stoffe lagen, und fragte den Kommandanten, was er wolle. Vasco da Gama sagte ihm, er sei Gesandter eines Königs aus Portugal. Dieser sei Herr über große Länder und in jeder Hinsicht sehr reich, reicher als irgendein König in diesen Gegenden; außerdem hätten die Könige Portugals, die Vorgänger des jetzigen Herrschers, seit sechzig Jahren jedes Jahr Schiffe auf Entdeckungen nach diesen Gegenden ausgesandt, weil sie gewusst hätten, dass es dort christliche Könige gäbe, so wie Seine Majestät. Deswegen hätten sie auch befohlen, dieses Land zu entdecken, nicht weil sie Gold oder Silber brauchten, dieses gäbe es bei ihnen in so reichem Überfluss, dass sie es nicht aus fremden Ländern holen müssten.

Álvaro Velho, an Bord der *São Rafael*, mutmaßlicher Verfasser des Logbuchs von Vasco da Gama, 28. Mai 1498.

43

este Rej de canbaya
he ho que pos çerco ha
fortaleza de dio he
esta tirado pelo na
tural

Vorhergehende Doppelseite: Der König von Cambay. Mit Hilfe türkischer Schiffe bedrängte er die portugiesische Festung Diu vor der Bucht von Cambay. D. Garcia de Noronha, Vizekönig von Indien, eilte den Belagerten zu Hilfe. 1538 wurde Frieden geschlossen. Anonyme portugiesische Handschrift, Mitte des 16. Jahrhunderts. *Codex Casanatense.*

Links:
»Wegen der großen Hitze pflegen die Portugiesen im Wasser zu speisen.« In Marco Polos Comos, wie er es nannte, »ist es ungewöhnlich heiß wegen der ausgesetzten, landeinwärts gerichteten Lage«. Anonyme portugiesische Handschrift, Mitte des 16. Jahrhunderts. *Codex Casanatense.*

die Hindus für Christen und ihre Tempel für Kirchen. »Die Stadt Calicut ist von Christen bewohnt. (...) Sie führten uns zu einer großen Kirche, in der es Folgendes zu sehen gab: (...) In der Kapelle befand sich ein kleines Bild, von dem sie sagten, es stelle die Mutter Gottes dar, und vor dem Haupteingang der Kirche, längs der Wand, waren sieben kleine Grabmäler. Hier verrichtete der Kommandant ein Gebet und wir anderen mit ihm. (...) Rings an den Wänden der Kirche waren viele Heilige gemalt; diese trugen Heiligenscheine, doch war ihre Darstellung fremdartig, denn die Zähne waren so groß, dass sie einen Zoll aus dem Munde hervorstanden, und jeder Heilige hatte vier oder fünf Arme.«
Was die Ankömmlinge hingegen verblüffte, war die Feststellung, dass es dort offensichtlich keinen Menschen gab, den sie mit ihrer Leistung – einer einjährigen Überfahrt auf dem Meer unter unsäglichen Strapazen – beeindrucken konnten.
»Am anderen Morgen – es war Montag, der 28. Mai – ging Vasco da Gama, um mit dem König zu sprechen, und er nahm dreizehn von seinen Leuten mit, unter denen auch ich mich befand. Wir trugen unser bestes Zeug, und Trompeten und Flaggen begleiteten die kleine Expedition.«
Vasco da Gama bestieg den wartenden Palankin, eine Sänfte, und die Gruppe setzte sich von Pandaran in Richtung Calicut in Bewegung.
Die Unterredung mit dem *Samuttiri* (»Herr der Meere« in Malayalam), woraus die Portugiesen *Samorin* machten, verlief so höflich und distanziert, wie es die Etikette gestattete. Der Hauptkapitän hielt es für sinnvoll, seinen König als reich darzustellen. Daraufhin erwiderte der Samorin, er betrachte den König als seinen Bruder und werde ihm Gesandte schicken. »Am Dienstag hatte der Kommandant folgende Dinge bereit, um sie dem König zu senden: zwölf Stück gestreiften Baumwollstoffes und vier Kapuzen von scharlachfarbenem Tuch, sechs Hüte und vier Korallen-

Hintergrund-Illustration: Maure aus der Provinz Khorasan. Diese ostiranische Gebirgsregion grenzt an Afghanistan. Anonyme portugiesische Handschrift, Mitte des 16. Jahrhunderts. *Codex Casanatense.*

stränge, ferner ein Behältnis mit sechs Metallbecken, eine Kiste Zucker, zwei Fässchen voll Olivenöl und zwei voll Honig. Da es hierzulande Sitte ist, dem König nichts zu bringen, ohne es zuerst die besagten Mauren, seine Haushofmeister, wissen zu lassen und dann den Wali, und da der Kommandant es diese wissen ließ, so kamen sie und fingen über diese Zusammenstellung von Geschenken zu lachen an. Sie sagten, dies wäre nichts, was man dem König schicken könne. Der ärmste Kaufmann, der von Mekka käme, ein jeder Inder gäbe mehr als das da. Wenn Vasco da Gama dem König ein Geschenk machen wollte, sollte er ihm irgendwelches Gold schicken, der König würde das, was wir zu schenken vorhatten, nicht annehmen. Als der Kommandant dies vernahm, wurde er zornig und sagte, er führe überhaupt kein Gold mit sich, außerdem sei er kein Kaufmann, sondern ein Gesandter: Er würde dem König von den Gütern etwas geben, die er mit sich führte. Dies sei aus seinem eigenen mitgeführten Besitz, nicht von dem seines Königs. Wenn der König von Portugal ihn wieder herschicken würde, würde er ihm viele andere und wertvollere Geschenke mitgeben. Wenn der König Samorin seine Geschenke nicht wolle, werde er sie wieder an Bord zurückschicken lassen. Die beiden Mauren sagten, sie selbst könnten dem König die Sachen nicht bringen, noch könnten sie zulassen, dass man sie ihm überhaupt überreichte. Nachdem sie uns wieder verlassen hatten, kamen maurische Kaufleute von Calicut, und alle sprachen mit Verachtung von dem wertlosen Zeug, das der Kommandant dem König hatte schicken wollen.«

Da half ihnen weder ihre stolze Hochseeflotte noch ihre beispiellose seemännische Leistung – Vasco da Gamas dreistes Täuschungsmanöver als Botschafter eines reichen europäischen Königs hatte seinen Zweck verfehlt. In dieser sagenhaft reichen Stadt, in der die kostbarsten Seiden des Orients gehandelt wurden, standen die Portugiesen mit ihren schäbigen Gaben wie Freibeuter und Korsaren da. Nicht einmal mit den Kenntnissen der erfolgreichen Thomas-Christen, deren jüdische und christliche Vorväter an der Malabarküste als Gewürzhändler zu Wohlstand gelangt waren, bis die Araber sie ins Hinterland zurückdrängten, konnten sie aufwarten. Acht Jahrzehnte Geduld und Ausdauer, ein unerschöpflicher Erfindergeist, ein Jahr unter größten Entbehrungen auf dem Meer, um das letzte Stück der Gewürzroute zu bezwingen – und das Einzige, was sie dafür ernteten, war Spott und Häme. Was den Handel mit Indien betraf, hatte ihnen die mächtige Handelsstadt, die ihnen die Anerkennung ihrer seemännischen Leistung versagte, noch alles beizubringen. Wie es sich jedoch herausstellen sollte, hatten die Araber sich verrechnet, als sie sich über die Neuankömmlinge mokierten.

GOA

Nachdem die Menge der arabischen Schiffe, die nach und nach im Hafen eintrafen, allmählich zu Besorgnis Anlass gab und die Beziehungen zum Radscha durch mehrere unangenehme Vorkommnisse im Mitleidenschaft gezogen worden waren, stach Vasco da Gama am 29. August, früher als geplant, in Calicut in See. Er hätte lieber bis Mitte Dezember damit gewartet, weil zu diesem Zeitpunkt der günstige Nordostmonsun einsetzte. Die Rückreise nach Lissabon war extrem zeitraubend und mit

ARMADA DE CAPITAIS QVE V

unsäglichen Strapazen verbunden. Die Männer starben zu Dutzenden während der Überfahrt, darunter Paulo, Vasco da Gamas Bruder, dessen Gebeine nicht dem Meer überantwortet, sondern auf den Azoren beigesetzt werden sollten. Die Pumpen hingen an den letzten Seilen, als die beiden Schiffe, die noch übrig waren, nach zwei Jahren Meerfahrt die Inseln erreichten.

Vorhergehende Doppelseite: Flotte von Diogo Lopes de Sequeira (1519). Die portugiesische Expedition stieß bis in das Rote Meer vor und erorberte Massua. *Livro de Lisuarte de Abreu* (um 1558–1564).

Als sie in Terceira vor Anker gingen, machte sich umgehend ein Kapitän, der gerade dort weilte, nach Lissabon auf, um sich die Belohnung als Überbringer guter Nachrichten zu verdienen. »Wie Arthur Rodrigues erfuhr, hielt sich der König gerade in Sintra auf. Dort traf er um ein Uhr nachts ein. Der König ließ gerade das Abendessen auftragen. Man führte den Gast zu ihm, und dieser küsste ihm die Hand und sagte: Erlauchter Herr, ich küsse Eure Hand und danke ihr für den Lohn, den sie mir geben wird, weil ich eine frohe Botschaft überbringe. Vor vier Tagen lichtete ich in Terceira Anker, nachdem dort zwei Schiffe angelegt hatten. Sie kamen aus Indien zurück. (...) Der König hatte genug gehört. Er erhob sich und begab sich in die Kapelle des Palastes, wo er eine lange Andacht hielt. Wie ein Lauffeuer verbreitete sich die Neuigkeit; der ganze Hofstaat versammelte sich im Palast von Sintra, um den König zu beglückwünschen und mit ihm zu feiern. Alsdann schlug der König Arthur Rodrigues zum Ritter des Hauses, und seinen Sohn zu seinem Kammerdiener; außerdem überreichte er ihm hundert Goldcruzados. Er kündigte seine Abreise nach Lissabon für den nächsten Morgen an, denn er erwartete weitere Schiffe aus Terceira, die ihm genauere Nachrichten mitbrachten. Je mehr ihm berichtet wurde, desto größer wurde des Königs Ungeduld. Er entsandte mehrere Schiffe zur Flussmündung des Tejo, wo sie die Schiffe aus Indien empfangen sollten. (...) Mit einer feierlichen Eskorte gelangten sie in den Hafen von Lissabon. Der König erwartete sie in der Casa da Mina, die nun im Fahrwasser der Ereignisse in Casa da India umbenannt wurde. Als die Schiffe Anker warfen, donnerte eine Begrüßungssalve aus den Bombarden.« Ein stolzer Vasco da Gama, dem während der Überfahrt ein verwegener Bart gewachsen war, sprang in Restello auf den Strand, um vor seinem König niederzuknien.

Obwohl man den Wert der portugiesischen Handelswaren in Calicut so gering geschätzt hatte, war die Ausbeute dieser langen Reise doch unerwartet hoch. »Als die Schiffe entladen wurden, befahl der König Dom Vasco, den Mannschaften ihren Lohn zu zahlen. (...) Sie gingen daran, den Pfeffer und alle anderen Gewürze auszuwiegen, und der König ließ von seinen Beamten eine Liste erstellen, um alle Kosten für die Schiffe, die mitgeführten Handelswaren und andere notwendige Dinge sowie Sold und Prämien für die Kapitäne und alle anderen Besatzungsmitglieder zusammenzuzählen. Als sie die Summe der Ausgaben mit dem Wert des Mitgebrachten verglichen, blieb ihnen ein Überschuss in Höhe des Sechsfachen.« Alle Mitglieder der Expedition erhielten Belohnungen; die Kapitäne wurden mit Privilegien, Geschenken und Ruhegeldern überhäuft. Der in den Adelsstand erhobene Dom Vasco Graf von Vidigueira wurde zum Oberbefehlshaber aller indischen Flotten ernannt.

Sogleich unterrichtete Dom Manuel die Katholischen Könige.

»Die Schiffe, die wir vor zwei Jahren entsandten, haben Indien und die angrenzenden Herrscherreiche entdeckt; sie stießen in ein neues Meer vor, überquerten es und entdeckten große Städte mit hohen, stattlichen Bauwerken und andere dicht bevölkerte Orte, in denen mit Gewürzen und Edelsteinen gehandelt wird.« Dom Manuel schrieb diese Worte ausgerechnet zu der Zeit, da die Kontroverse um Kolumbus, der allmählich in Ungnade fiel, hohe Wellen schlug. Portugal hatte seinen zeitlichen und technischen Rückstand durch diesen Vorstoß nach Indien wettgemacht.

In Lissabon lebte ein Kaufmann namens Girolamo Sernigi. Er schrieb einem Freund in Florenz einen langen Brief über die Ergebnisse der Reise nach Calicut und ergänzte seinen Bericht um einige treffende Bemerkungen. »Sie haben Großartiges geleistet, und der portugiesische König hat die Anerkennung der gesamten Christenheit verdient. Er muss jedoch in Zukunft auf der Hut sein und bedächtig vorgehen. (...) Ich vermute, dass der Sultan, diese Könige und diese Mauren alles versuchen werden, um den König von Portugal von seinem Unterfangen abzubringen. Wenn der König von Portugal nämlich Erfolg damit hat, kann er die Gewürze im Hafen von Pisa weitaus billiger feilbieten als in Kairo, weil er dadurch beträchlich an Transportkosten spart. Dadurch würde er die genuesischen und die venezianischen Händler und die aller anderen Nationen aus dem Feld schlagen. Deren Verluste aus dem Wegfall ihrer Weg- und Hafenzölle und aus dem Rückgang ihrer Geschäfte wären enorm, denn genau an diesem Punkt können die syrischen Kaufleute so viel an uns verdienen. Deshalb bin ich überzeugt, dass sie mit allen Mitteln versuchen werden, diese Reise zu vereiteln; allerdings müssen sie sich dafür die größte Mühe geben.«

Ansichten von Calicut, Hormus, Cannanore und El Mina. Dies waren die wichtigsten Stützpunkte des Estado da India am Ende des 16. Jahrhunderts. *Civitates orbis terrarum,* Stadtatlas in sechs Bänden von Georg Braun und Frans Hogenberg (1572–1618).

Vasco da Gama starb am Weihnachtstag 1524, nachdem er in Cochin einige Monate lang als geachteter und gefürchteter Machthaber regiert hatte. Der Aufbau des portu-

giesischen Kolonialreichs nahm zehn Jahre in Anspruch. Von Alfonso d'Albuquerque stammte der Plan, den Indischen Ozean mit einem Netz strategischer Handelsstützpunkte zu überziehen. Seine schriftlichen Anweisungen an die Kommandanten ließen an Deutlichkeit nichts zu wünschen übrig. »Wenn Pedro Alvares Cabral keine freundschaftlichen und vertrauensvollen Beziehungen zum Samorin von Calicut aufbauen kann, wird er ihm den Krieg erklären.» Und was die Bekehrung zum Katholizismus betrifft: »Sollten diese Menschen weiterhin an ihren Irrtümern festhalten und sich ihrer Bekehrung zum rechten Glauben widersetzen, sollten sie sich der Erkenntnis verschließen, dass die menschliche Art nur durch das friedliche Zusammenleben aller Menschen gesichert werden kann, und sollten sie uns irgendwie daran hindern, unsere Waren zu verkaufen oder sie gegen andere Waren einzutauschen, werden wir sie gnadenlos mit Feuer und Schwert bekämpfen. In dieser Hinsicht haben die Kommandanten klare, unmissverständliche Anweisungen erhalten.«

Nachdem diese Rechnung in Afrika aufgegangen war, setzte die portugiesische Krone abermals auf die zivilisatorische Seite des freien Handels. Aber Indien war nicht Afrika. Wortwörtlich wurden die königlichen Instruktionen in die Praxis umgesetzt, da der Empfang erwartungsgemäß nicht gerade freundschaftlich verlief, und die nicht eben zimperlichen Portugiesen schlugen zurück.

Im Jahr 1510 nahmen sie Goa ein und zogen eine Festungsmauer um die Stadt. Unbeirrt setzte Portugal seine machtpolitischen Ziele in Indien durch. Dom Manuel, von seinen Neidern als »Pfefferkönig« verspottet, muss man zugute halten, dass er auf seinen Flotten nicht nur exotische Gewürze, sondern auch wichtige Informationen in den Westen kommen ließ, die der abendländischen Kultur entscheidende Impulse gaben. Das exotische Goa, die Residenz des Vizekönigs, das »Rom des Ostens», trübte den Glanz des einst so mächtigen Venedig, das sich nun auf seiner Lagune an der Adria zusammenkauerte.

Im Jahr 1533 erhielten die »helläugigen Bartträger«, die 1516 in Kanton gelandet waren, die Konzession für Macao. Die Kirche São Paolo in Macao wurde zu einem Wahrzeichen der Christianisierung Asiens.

1542 gingen drei portugiesische Entdecker auf der kleinen Tanegashima-Insel bei Kyushu an Land. Portugal hatte Cipango erreicht. Der Mönch Gaspar da Cruz berichtete 1570 von seiner ersten Begegnung mit dem ihm noch unbekannten Tee: »In vornehmen Häusern ist es Sitte, den Gast mit einem

Vorhergehende Doppelseite: Ankunft einer portugiesischen *Nao* in Nagasaki. Gouache auf Papier aus Maulbeerbaumholz, blattgoldverziert. Ausschnitt aus einem Paravent von Kanô Naizen (zugeschrieben). Diese Namban byôbu (Paravents aus nicht christlichen Ländern) aus der Zeit von 1590 bis 1640 aus der Kanô-Schule zeugen von dem Interesse der Maler der Kanô-Schule an alltäglichen Dingen. Die japanischen Künstler verstanden es, ihre Eindrücke von den fremdartigen Portugiesen, die 1543 in Tanegashima (Kyushu) und Nagasaki eintrafen, humoristisch in die Kleidung und die Gebärden der »Langnasen« einfließen zu lassen.

Links:
D. Alfonso de Albuquerque (1462–1515). Porträt auf Holz aus der Mitte des 16. Jahrhunderts, von einem unbekannten Künstler aus Goa gemalt. Es gehört zu einer Reihe von Porträts indischer Gouverneure, die ab 1547 auf Geheiß von D. João de Castro unter der Aufsicht von Gaspar Correia entstand.

Festung in Batavia. Ölgemälde von A. Beeckman, 1656. 1612 nahmen die Holländer Djakarta gewaltsam ein und gründeten am 12. März 1619 Batavia, das sie zum Hauptstützpunkt der Niederländischen Ostindien-Kompanie machten. Die Stadt war alles in einem: Schiffswerft, Umschlaghafen für die Flotten aus Amsterdam nach Indonesien und Sammelplatz für alle Güter, die nach Europa verschifft werden sollten.

warmen Getränk zu empfangen, das ihm in einer Porzellantasse auf einem eleganten Tablett kredenzt wird. Es wird als Tee bezeichnet, ist von rötlicher Farbe und schmeckt nach Arznei.« Ausgerechnet die Teesteuer war es, an der sich zweihundert Jahre später in Boston der Funke der amerikanischen Unabhängigkeitskriege entzündete.

Auch das edle Porzellan eroberte den Westen. Ende des 16. Jahrhunderts wurde die kupferrote Unterglasurmalerei (yu-li-hung) vom hauchfeinen, durchscheinenden Porzellan der Ming-Zeit abgelöst, und die Blaumalerei (wan-li) der Ostindischen Kompanien gelangte zu höchster Blüte.

Eine Nation von gerade einer Million Seelen herrschte über ein Reich, das sich bis nach Asien erstreckte. Aber dieses Abenteuer bedeutete für Portugal einen wirtschaftlichen Aderlass, was die so entschlossenen wie besonnenen Herrscher der Avis-Dynastie bereits befürchtet hatten. Nach dem tragischen Tod des jungen Sebastian I. in Marokko wurde das ausgeblutete Portugal von schweren innenpolitischen Krisen geschüttelt. 1580 ging die portugiesische Krone an Philipp II. von Spanien über. Die beiden Nationen beharrten zwar auf ihrer Autonomie, doch waren die Herrscherhäuser durch zahlreiche verwandtschaftliche Bande aneinander gekettet. Weil Philipp II. gegen die Generalstaaten Krieg führte, sperrte man 1594 Lissabons Lagerhäuser für die »Meer-Geusen«, die für den Import exotischer Handelswaren nach den Niederlanden zuständig waren. Ihre Handelsschiffe wurden beschlagnahmt, und die protestantisch-lutherischen Besatzungen der Inquisition überantwortet. Im darauf folgenden Jahr stach eine holländische Flotte in Amsterdam in See mit Kurs auf den Indischen Ozean. 1619 wurde aus dem portugiesischen Djakarta das holländische Batavia. Der Estado da India verschwand so schnell, wie er gekommen war. Dennoch hatte Portugal tiefe Spuren hinterlassen: Eine stabile katholische Kirche und die portugiesische Sprache, die in den Kontoren der Ostindischen Handelskompanien von Batavia noch jahrelang als Handelssprache überdauerte.

MARE OCEANUM
circulo equynocial
Cancro
mauretania
libia inferior
mar de libia
Este cavo se descubrio en ano de
mil y iiii c xc ix por castilla
siendo descubridor vicentians

ASIA
golfo persico
golfo arabico Rubro
libia
pentapolis
ethiopia
Roy Sarazeno
ethiopia austral

Vorhergehende Doppelseite:
Die erste Karte der Neuen Welt (Ausschnitt), im Jahr 1500 von dem Basken Juan de la Cosa, Schiffseigner und Steuermann der *Santa Maria,* in der Nähe von Cadiz gezeichnet.

Linke Seite:
Die Heilige Jungfrau der Seefahrer. Altarretabel von Alejo Fernandez, 1497 für die Kapelle der Casa de Contratación gemalt. Maria breitet ihren Mantel aus, um die Seeleute und ihre Schiffe auf dem Weg in die Neue Welt zu beschützen. Im Vordergrund die kirchlichen Würdenträger, Kapitäne, Mönche und Seeleute; im Hintergrund eine Gruppe konvertierter Indios.

Rechts:
Christoph Kolumbus. Miniatur eines unbekannten Künstlers, 16. Jahrhundert.

Die Entdeckung Amerikas war der größte Irrtum der Geschichte. Kolumbus hatte nicht nach einer neuen Welt gesucht, sondern nach einem Weg, Indien direkt von Westen her anzusteuern. Nach dem damaligen geographischen Weltbild konnte er nur in Asien angekommen sein. Demnach musste Indien, das bis dahin nur auf der rechten Seite der Landkarten eingezeichnet war und somit in das Hoheitsgebiet Portugals fiel, auf Verlangen Kastiliens künftig auch auf der linken Seite der Karte erscheinen. Um die Weltkarte neu zu ordnen, kam es 1494 mit päpstlichem Segen zur Unterzeichnung des Vertrags von Tordesillas zwischen den katholischen Königen von Kastilien und Portugal, deren Oberhoheit damit wie selbstverständlich um die noch zu entdeckenden »wilden« Völker erweitert wurde. Abgesehen von Brasilien fielen demnach alle Länder, die in der Neuen Welt entdeckt werden sollten, in den Machtbereich Spaniens, bis eines Tages auch die anderen europäischen Monarchien Expeditionen nach Amerika entsandten.

Seit Menschengedenken war der bewohnbare Teil in eine morgenländische und eine abendländische Welt aufgeteilt: von Libyen, das sich nach Süden hin in glühend heißen Wüstenzonen verlor, bis weit in das ewige Eis des dunklen Nordens. Dass die Erde rund war, wusste man seit Aristoteles und den griechischen Geographen, und allmählich zeichneten sich gewisse Vorstellungen über ihre Ausdehnung ab, wobei die zugrunde liegenden Berechnungen noch an Präzision zu wünschen übrig ließen. Der Genuese Christoph Kolumbus, der seine seemännischen Erfahrungen in Barcelona und vor allem auf dem offenen Meer vor Portugal gesammelt hatte, verfügte wie nur wenige seiner Zeitgenossen über die geniale Gabe, aus der Summe falscher Kombinationen und Fehlberechnungen das Richtige zu folgern. Dies führte dazu, dass er die Ausdehnung der Ozeane im Verhältnis zu den Landmassen beträchtlich unterschätzte, sodass ihm eine tolle Idee kam: Es musste die Möglichkeit bestehen, das einzige große Meer, das die Iberische Halbinsel mit China und Indien verband, auch nach Westen hin zu überqueren. Das Problem war aber, dass niemand wusste, ob man tatsächlich bis zu den Antipoden vordringen konnte und vor allem, ob man von dort wieder zurückkehren würde. Nachdem König Johann II. von Portugal seinen Plan verworfen hatte, wandte sich Kolumbus 1486 in einem letzten Anflug von Hoffnung an Königin Isabella von Kastilien, die das Projekt des helläugigen Fantasten zur Prüfung an eine Gelehrtenkommission weitergab. Nach dem Dafürhalten des Genuesen, der sich in kartographischen und nautischen Angelegenheiten offenbar bestens auskannte, musste Indien auch von Westen her erreichbar sein.

Die Gelehrten versammelten sich im Dominikanerkloster von Salamanca, um nach vier Jahren reiflicher Überlegungen, gestützt durch wissenschaftliche und theologische Studien, ihr vernichtendes Urteil zu sprechen: Die Theorie des Genuesen sei ein reines Hirngespinst. In ihrer Begründung argumentierten sie in erster Linie mit den Schriften des heiligen Augustinus, um zu belegen, dass der Übergang von der einen Erdhälfte zur anderen ausgeschlossen war. Und das, obwohl die Portugiesen schon seit einem Vierteljahrhundert mehrmals den Äquator überschritten hatten. Nach dem geozentrischen Weltsystem schwebte die Erde jedoch als unbeweglicher Mittelpunkt im Universum, eine Seite nach oben und die andere nach unten; und wer es wagte, an diesem biblisch abgesicherten Weltbild zu kratzen, wurde der Gotteslästerung bezichtigt. Im Übrigen trugen auch die Kartographen mit ihren zweidimensionalen Darstellungen rein visuell zu dieser Spaltung der Welt in eine linke westliche und eine rechte östliche Seite bei.

Votivschiff von Mataro, das weltweit älteste noch erhaltene Modellschiff. Der Schiffsrumpf stammt aus der Kolumbus-Ära. Ein katalanischer Seemann oder Zimmermann baute es für den heiligen Simon von Mataro, das in der Nähe von Barcelona liegt. Durch ihre gebauchte Form erinnerten diese mittelalterlichen Handelsschiffe an eine Nussschale und wurden daher »Coca« genannt.

Eigentlich hätte man es dabei bewenden lassen können. Wie sich zeigen sollte, war die Entdeckung Amerikas aber nicht nur das Ergebnis eines genialen Irrtums, sondern auch ein Werk des Zufalls. Die spanische Rückeroberung Granadas am 2. Januar 1492 zwang das Pendel der Geschichte in die entgegengesetzte Richtung. Vierhundert Jahre Reconquista und achthundert Jahre arabische Herrschaft fanden ein Ende. Ausgerechnet an diesem Punkt setzte die Wende für Kolumbus ein, nachdem er sich die Gunst der Katholischen Könige durch seine maßlosen Forderungen bereits verscherzt hatte. Doch jetzt war Spanien wieder ein unabhängiges Land mit großen Zukunftsvisionen. Als Kolumbus bereits Anstalten machte, einen anderen Förderer für seine verrückten Pläne zu gewinnen, wurde er aufgehalten. Am 17. April wurde sein Vertrag auf königlichen Befehl unterzeichnet und am 12. Oktober desselben Jahres Amerika entdeckt – zumindest eine Gruppe von Inseln, die den gängigen Vorstellungen von Indien und Asien in keinerlei Hinsicht entsprach.

SAN SALVADOR

Auch das Logbuch von Christoph Kolumbus ist, wie viele andere, verloren gegangen. Es existiert jedoch die Abschrift einer Zusammenfassung, die wir Bartolomé de Las Casas, dem ersten Missionar der Neuen Welt, verdanken. Er wurde später zum Bischof ernannt und stellte in seinen Schriften den Völkermord an den Indios an den Pranger. Zurück zu Kolumbus: Auf den Schiffen der spanische Flotten, die vor den Kanarischen Inseln die Richtung nach Westen eingeschlagen hatten, herrschte eine extrem angespannte Lage. Die Männer hatten Angst. Seit mehreren Tagen ertönte immer wieder der Ruf »Land in Sicht!», aber sobald man näher kam, erblickte man nur ein paar Wolken am Horizont. Trotzdem war der intensive Humusgeruch, der die Luft erfüllte, ein sicheres Anzeichen dafür, dass sie sich in Küstennähe befanden. Vögel umschwärmten die Schiffe, und auf dem Wasser trieben Pflanzenreste und allerlei Zeug, von dem man annehmen konnte, dass es von Menschenhand gemacht war. Das Land musste jeden Moment sichtbar werden.

In der Nacht von Mittwoch, 11. Oktober 1492, wurde von der *Pinta*, die ganz vorne segelte, Land gemeldet. Mit gerefften Segeln drehten die Schiffe bei, und die

Männer knieten nieder, um das Salve Regina zu beten. Im Morgengrauen erblickten sie den Strand, und die üppige Vegetation, die sich vor ihnen ausbreitete, übertraf all ihre Erwartungen. Die Gefühle der Spanier, die an jenem Donnerstag Fuß auf unbekannten Boden setzten, waren sicher nicht minder intensiv als die der ersten Astronauten auf dem Mond. Sie hatten noch nicht das Festland erreicht, sondern eine der winzigen Inseln, wahrscheinlich Watland Island, im Dunstkreis der Bahamas, vor dem gewaltigen Kontinent Amerika, der sich von Norden nach Süden zwischen den Polen erstreckte. Aber das konnten sie nicht wissen. Sie waren auf der Suche nach dem China des Khan, dem Kathai des Marco Polo. Die Besatzungen jubelten und erkannten Kolumbus uneingeschränkt als ihren Kommandanten an. Ihre Zweifel und Todesängste, ihre Wut auf diesen Ausländer, den selbst die Gelehrtenwelt zum Spinner erklärt hatte, und ihre Mordpläne, die sie in ihrer Angst vor seiner Besessenheit geschmiedet hatten, all das war nun Vergangenheit.

Lassen wir nun den Admiral selbst zu Wort kommen:

»In der Erkenntnis, dass es sich um Leute handle, die man weit besser durch Liebe als mit dem Schwerte retten und zu unserem heiligen Glauben bekehrern könne, gedachte ich sie mir zu Freunden zu machen und schenkte also einigen unter ihnen rote Kappen und Halsketten aus Glas und noch andre Kleinigkeiten von geringem Werte, worüber sie sich ungemein erfreut zeigten. (...) Auf dieser Insel traf ich keine Tiere an, bis auf Papageien.«

Kolumbus konnte beim besten Willen nicht begreifen, dass sich nackte und unbedarfte Menschen wie diese in so großer Nähe zur Hauptstadt des Khan und den goldenen Palästen von Cipango aufhalten konnten. Um Einfälle nie verlegen, fand er jedoch sogleich eine Antwort auf diese Frage. »Manche von ihnen hatten Wundmale an ihren Körpern. Als ich sie unter Zuhilfenahme der Gebärdensprache fragte, was diese zu bedeuten hätten, gaben sie mir zu verstehen, dass ihr Land von den Bewohnern der umliegenden Inseln heimgesucht werde, die sie einfangen wollten und gegen die sie sich zur Wehr setzten. Ich war und bin auch heute noch der Ansicht, dass es Einwohner des Festlandes waren, die herkamen, um sie in die Sklaverei zu verschleppen. Sie müssen gewiß treue und kluge Diener sein (da ich die Erfahrung machte, dass sie in Kürze alles, was ich sagte, zu wiederholen verstanden).

An den üppigen Formen der Schiffe aus der Renaissancezeit ließen die Goldschmiede ihrer Fantasie freien Lauf. Das »Schiff Karls V.« zählt zu den Meisterwerken der Augsburger Werkstätten, die im 16. Und 17. Jahrhundert mit den Glasfabriken in Murano, Nürnberg und Baccarat in der Herstellung von Trinkbechern, Tafelaufsätzen und Tintenfässern in Schiffsform rivalisierten (rechte Seite).

Links:
Details eines Uhrwerksautomaten in Schiffsgestalt von Hans Schlottheim (zugeschrieben), 16. Jahrhundert.

Tapuya-Mann. Die Insel Maranhão (São Luís) vor der Küste Nordbrasiliens wurde ab Ende des 16. Jahrhunderts von den Schiffen aus Dieppe angesteuert. Daniel de la Ravardière und die Brüder François und Isaac de Razilly planten dort die Gründung der Hauptstadt eines hypothetischen »Äquatorialfrankreich«. Nach vier Jahren wurden sie von den Portugiesen vertrieben. Die Kurzzeit-Siedler machten sich um die Schlichtung der Streitigkeiten unter Tabajares, Tupinambas und Tapuyas verdient. Reise-Illustration von Zacharias Wagner, um 1634.

Dort erblickten wir allsogleich nackte Eingeborene. Ich begab mich, begleitet von Martin Alonso Pinzón und dessen Bruder Vicente Ybanez, dem Kaptän der Niña, an Bord eines mit Waffen versehenen Bootes an Land. Dort entfaltete ich die königliche Flagge, während die beiden Schiffskapitäne zwei Fahnen mit einem grünen Kreuz im Felde schwangen, das an Bord aller Schiffe geführt wurde und welches rechts und links von den je mit einer Krone verzierten Buchstaben F und Y umgeben war. Unseren Blicken bot sich eine Landschaft dar, die mit grün leuchtenden Bäumen bepflanzt und reich an Gewässer und allerhand Früchten war.
Ich rief die beiden Kapitäne und auch all die anderen, die an Land gegangen waren, ferner Rodrigo d'Escobedo, den Notar der Armada, und Rodrigo Sánchez von Segovia zu mir und sagte ihnen, durch ihre persönliche Gegenwart als Augenzeugen davon Kenntnis zu nehmen, dass ich im Namen des Königs und der Königin, meiner Herren, von der genannten Insel Besitz ergreife, und die rechtlichen Unterlagen zu schaffen, wie es sich aus den Urkunden ergibt, die dort schriftlich niedergelegt wurden. Sofort sammelten sich an jener Stelle zahlreiche Eingeborene der Insel an.

Aus den Logbüchern des Christoph Kolumbus.
Freitag, den 12. Oktober 1492. (Nach der zeitgenössischen Kopie des verschollenen Originals von Bartolomeu de Las Casas).

Galli ad Portum Regalem perveniunt. V.

ITER solitum persequentes, amnem invenerunt. quem Conspectu bellum nuncuparunt: dein tria aut quatuor miliaria ulterius emensi cum essent, ipsis significatum, non procul inde abesse latum aliud flumen magnitudine & amœnitate reliqua superans: quò progressi, ob ejus amœnitatem & amplitudinem Regalem portum appellarunt. Istic subductis velis, anchoras ad decem orgyias jecerunt: descensione à Præfecto & militibus in continentem facta, amœnissimum esse locum compererunt: nam quercubus, cedris, & alijs arborum generibus consitus erat. Per quas incedentes, Indicos pavones, sive Galli-pavos prætervolantes, & cervos per sylvam errantes conspiciebant. Hujus fluminis ostium latum est tribus Gallicis leucis sive miliaribus, & in duo cornua dividitur; quorum alterum ad Occidentem vergit, alterum ad Septentrionem, idque (secundum quorundam opinionem) interiora regionis penetrans, ad flumen Iordanem tendit: alterum in mare relabitur, ut ab inquilinis observatum est. Patent hæc bina cornua magnis duobus miliaribus in latitudinem, & in eorum medio insula est, cujus cuspis fluminis ostium spectat. Paulo post navi denuo conscensa, cornu ad Occidentem se convertens ingressi sunt, ut ejus commoditates observarent: & emensis circiter duodecim miliaribus, Indorum catervam conspexerunt, qui scaphis animadversis illico, fugæ se mandarunt, relicto quem assabant lupi cervarij catulo: cujus rei causa eum locum Lupi promontorium appellarunt. Vlterius navigantes, in aliam fluminis divisionem inciderunt, ab Oriente labentem, per quam Præfectus, relicto majore alveo, navigare statuit.

Linke Seite:
*Ankunft der Franzosen in Port Royal (*Florida*).* Mitte des 16. Jahrhunderts wagten die Franzosen einen Versuch, sich in Amerika anzusiedeln, was aber den Unmut der Spanier und Portugiesen hervorrief. Im Jahr 1565 wurden die Männer von Jean Ribault und René de Laudonnière nach einem Angriff gefangen genommen und auf Geheiß Philipps II. als Feinde der spanischen Krone und Inquisition zu Tode gefoltert. Kolorierter Stich von Theodore de Bry nach Jacques Lemoyne de Morgues. Reise von Ribault und Laudonnière nach Florida (1562–1565). *Grands Voyages,* 1591.

Rechts:
Indianer der Kariben. Diese Serie aus vier Blättern zeigt die krassen Gegensätze der Neuen Welt: Die *Caribas* (Kariben oder Kannibalen) als geschickte Paddler in leichten *Canoas*, die Kolumbus' Bewunderung erregten, als gewandte Jäger und Fischer, in fröhlicher Runde, aber auch als gefürchtete Menschenfresser. *Géographie du Monde* von Artus Fonnant, 1633.

(...) Wenn es dem Allmächtigen gefällt, werde ich bei meiner Rückfahrt sechs dieser Männer mit mir nehmen, um sie Euren Hoheiten vorzuführen, damit sie die Sprache Kastiliens erlernen.«

Der Admiral beschloss, am 14. Oktober die Anker zu lichten, um in südwestlicher Richtung weiterzufahren und dort, wie es seinem Auftrag entsprach, nach Gold und Edelsteinen zu suchen. Alles verlief plangemäß. »Dem muss ich aber hinzufügen, dass ich, falls wir auf Gegenden stoßen sollten, wo Gold und Gewürze reichlich vorhanden sind, mich dort so lange aufhalten werde, bis ich soviel als nur irgend möglich davon verladen habe. Zu diesem Zwecke setze ich meine Fahrt fort, um jene Gegenden ausfindig zu machen. (...) Unterwegs werde ich die dazwischenliegenden Inseln anlaufen und werde mich ganz danach richten, ob ich dort Gold oder Gewürze vorfinde oder nicht. Auf jeden Fall aber bin ich fest entschlossen, bis zum Festland vorzudringen und die Stadt Quinsai zu erreichen, um dem großen Khan die Briefe Eurer Hoheiten zu überreichen und mit seiner Antwort nach Europa zurückzukehren.«

Die Stadt Quinsai (heute Hangzhou), die Hauptstadt der Südlichen Song-Dynastie, wurde von Marco Polo in seinem Werk *Beschreibung der Welt* als ein Venedig des Ostens dargestellt: »Die besagte Stadt Quinsay ist sehr groß und misst wahrscheinlich mehr als hundert Meilen im Umfang. Sie hat zwölftausend steinerne Brücken, so hoch, dass ein großes Schiff unter ihnen hindurchfahren könnte. Diese Vielzahl an Brücken nimmt nicht Wunder, weil die ganze Stadt mit Kanälen versehen und ringsherum von Wasser umgeben ist. (...) Der Ozean befindet sich in einer Entfernung von fünfundzwanzig Meilen. Der Hafen heißt Ganfu. Dort liegen viele große Schiffe aus Indien und anderen fremden Ländern; sie haben die mannigfaltigsten Handelswaren an Bord, und die Stadt zieht ihren Nutzen daraus.« Nach seinen eigenen Berechnungen, unter Hinzuziehung der Karten Toscanellis und Martin Behaims erstem Weltglobus (1492) konnte Kolumbus durchaus annehmen, dass er sich irgendwo in der Nähe der Stadt des Khan befand.

Wie die Portugiesen wieder ein Schiff nach mir ausschickten. Hans Staden, der Urheber der Originalzeichnung, geriet, ob als Geisel oder zur Nahrung, in Gefangenschaft bei den kannibalischen Tupinambas, die ihre Opfer auf dem Rost zu braten pflegten. Kolorierter Stich von Théodore de Bry. *Grands Voyages,* 1592.

So fuhr die kleine Flotte Insel für Insel ab, auf der Suche nach einem Land, das von den Eingeborenen »Kolba« oder »Kuba« genannt wurde: »Heute wollte ich nach der Insel Kuba aufbrechen, die nach den Berichten der Eingeborenen über ihre Größe und ihren Reichtum mit der Insel Cipango identisch sein muss. (...) Sie soll reich an Gold und Gewürzen sein und zahlreiche große Schriffe und viele Kaufleute beherbergen. (...) Nach Angabe der Indianer liegt Kuba in west-südwestlicher Richtung, was zutreffend sein mag, da ich aus ihrer Zeichensprache und den Andeutungen der andern Inselbewohner – deren Sprache mir fremd ist – entnehmen muss,

»Als wir nun 400 Meilen von der marokkanischen Küste entfernt auf hoher See waren, kamen viele Fische in die Nähe des Schiffes, und wir fingen manche mit der Angel. (...) Auch gab es viele Fische, so groß wie Heringe, die auf beiden Seiten Fittiche wie eine Fledermaus hatten.« Kolorierter Stich von Théodore de Bry nach einer Zeichnung von Hans Staden. *Grands Voyages*, 1592.

dass es sich um die Insel Cipango handle, von der die erstaunlichsten Wunderdinge berichtet werden, und die sich nach den Aufzeichnungen der Landkarten, die ich gesehen habe, in diesen Gewässern befinden muss.«

Am 28. Oktober, stießen sie auf Kuba. Der Admiral sagte, »er habe keinen schöneren Ort je gesehen. Die beiderseitigen Flußufer waren von blühenden, grün umrankten Bäumen eingesäumt, die ganz anders aussahen als die heimatlichen Bäume. Sie waren von Blumen und Früchten der verschiedensten Arten behangen,

zwischen denen zahllose, gar kleine Vöglein ihr süßes Gezwitscher vernehmen ließen.« Und: »Die Indianer wussten zu erzählen, dass auf dieser Insel Goldminen und Perlen zu finden seien. Tatsächlich entdeckte ich eine Stelle, die zur Bildung von Perlen geeignet schien, und ebenso Muscheln, die ein deutliches Anzeichen dafür sind.« Es wurden Botschafter zum Khan gesandt. Nach vielen Missverständnissen glaubten sie schließlich zu verstehen, dass sich das Gold – in der Sprache der Eingeborenen *nuçay* genannt – auf einer weiter südöstlich gelegenen Insel namens Bohio (Baveque) befand. Unterdessen wurden die Schiffskiele am Strand überholt.

Auf ihren Streifzügen durch die Inselwelt unbekannter Kulturkreise stießen die Spanier auf viele Dinge des täglichen Gebrauchs, die sie noch nie gesehen hatten. Auf einer Insel, der sie den Namen Fernandina gaben, entdeckten sie äußerst ungewöhnliche Ruhelager in den Hütten: »Die Betten, auf denen jene Leute schlafen, sind eine Art Wollnetze.« Ein paar Jahre später sollten diese uns wohlbekannten Hängematten, *hammocks*, die an den Küsten Brasiliens, Mittelamerikas und Mexikos verbreitet waren, ebenfalls in den Reiseberichten von Pêro Vaz de Caminha (Schiffsschreiber von Pedro Alvares Cabral) und Amerigo Vespucci Erwähnung finden. Durch die Seeleute verbreitete sich die Hängematte über den ganzen Erdball. Darüber hinaus bemerkte Kolumbus die Seetüchtigkeit der langen, schmalen Boote der Eingeborenen, *Canoas* genannt; sie waren »aus einem einzigen Baumstamm verfertigt. (...) Sie trieben die Boote mit Rudern an, die Ofenschaufeln glichen, und kamen so schnell damit vorwärts, dass es erstaunlich war.«

Als Kolumbus am 15. Oktober in der Nähe zweier Inseln, die sie Santa Maria und Fernandina nannten, einen Eingeborenen in seiner Piroge (Einbaum) aufhielt, entdeckte er unter dessen Habseligkeiten zwischen Baumwollzweigen, Mastixsträuchern und unbekannten Pflanzen wie Maniok, Mais und Bohnen, erstmals »einige dürre Blätter, die von den Eingeborenen sehr geschätzt werden müssen, da man mir bereits in San Salvador etwas davon als Geschenk überreicht hatte.« Und am 6. November berichteten zwei Spanier, die auf der Suche nach Gummibäumen von einem Streifzug ins Landesinnere im Norden Kubas zurückkamen, »unterwegs ganzen Eingeborenenhaufen begegnet zu sein, die zu ihren Siedlungen zurückkehrten und einen Feuerbrand und bestimmte Kräuter in Händen hielten, um sich ihren Gebräuchen gemäß zu beräuchern.« In der *Historia da India* wurde die Havanna-Zigarre von Bartolomeu de Las Casas erstmals urkundlich erwähnt: »Die Gräser werden getrocknet und in ein ebenfalls getrocknetes Blatt gewickelt, und das Ganze sieht dann aus wie die Musketen, mit denen sich die Bengel an Pfingsten amüsieren. An dem einen Ende wird sie gezündet, und das andere Ende stecken sie sich in den Mund; sie kauen daran oder saugen den Rauch zusammen mit dem Atem ein; es betäubt ihr Fleisch, und sie berauschen sich daran. Sie sagen, dass es sie wach hält. Die Musketen, wie ich sie hier nenne, haben dort den Namen *tabac*. Auf der Insel Hispaniola kannte ich einige Spanier, die davon nahmen, und als ich ihnen ihr Laster ausreden wollte, erwiderten sie mir, sie fänden nicht die Kraft, damit aufzuhören. Ich verstehe nicht, was ihnen daran so gefallen konnte.« Kaum hatte man den Tabak entdeckt, begann auch schon das Problem mit dem Rauchen.

Pacoba und *Zaranga*. Diese Wörter stehen in der Sprache der brasilianischen Maranhão für Banane und Orange. Das Zeitalter der Entdeckungen brachte Europa eine Schwemme exotischer Tiere und Unmengen unbekannter Früchte und Gemüsepflanzen, die bei uns inzwischen alltäglich sind. Aquarelle aus dem Reisetagebuch von Zacharias Wagner, um 1634.

LA NAVIDAD

»Heute habe ich mein Schiff wieder ins Wasser setzen lassen und rüste mich zur Weiterfahrt, um am kommenden Donnerstag im Namen des Allmächtigen gegen Südwesten auf der Suche nach Gold, Gewürzen und neuen Ländern abzusegeln.« Wegen ungünstiger Wetterverhältnisse stachen die Spanier erst am 12. November wieder in See. Am 6. Dezember erreichten sie eine Insel, die Kolumbus für Bohio hielt und der er den Namen Hispaniola gab. Es handelte sich um das heutige Haiti-

53
Pacoba

51.
Laranga.

CAPVT XII.

De Consilio inito Insulam S. Vincentij petendi, quam Lusitani possident, spe nauem ab ipsis obtinendi, atque itineri ita finem imponendi: sed orta tempestate naufragium facimus, cæli locique ignari.

Portu-

Linke Seite:
Wie wir nach Sao Vicente fahren wollten, das die Portugiesen innehaben, um von ihnen ein Schiff zu heuern und damit unsere Fahrt zu Ende zu führen, aber in einem großen Sturm Schiffbruch erlitten und nicht wussten, wie weit es noch bis Sao Vicente war. Kolorierter Stich von Théodore de Bry. Nach einem Holzschnitt von Hans Staden. *Grands Voyages*, 1592.

Unten:
»Rauchender Mulatte«. Kolumbus erwähnte als Erster den Tabak, an dem sich die Kubaner berauschten. Zur Verwunderung des Missionars Bartolomé de Las Casas konnten auch die Spanier »gar nicht mehr damit aufhören«. Zeichnung von Charles Plumier, 1688.

Dominikanische Republik. Auch diese Insel präsentierte sich wie ein Wunder der Natur: »Die Bäume seien von frischestem Grün, und fruchtbeladene hohe Pflanzen und Gräser stünden in voller Blüte, dazwischen liefen breite, gute, gepflegte Straßen. Die Temperatur komme jener Kastiliens im Monat April gleich, während Nachtigallen und andere Vögel wie in der spanischen Heimat munter zwitscherten, dass es eine reine Freude sei. Auch zur Nacht ließen gewisse Vogelarten ihren süßen Gesang vernehmen, begleitet vom Gezirp zahlloser Grillen und dem Gequake der Frösche. Der Fischfang sei so ertragreich wie in Spanien. Überdies hätten sie viel Mastixpflanzen, Aloe und Baumwollpflanzungen gesehen, doch Gold fanden sie keines, was einen nicht wundernehmen darf, wenn man die Kürze ihres Aufenthaltes in diesen Gegenden bedenkt.«

In der Nacht zum 25. Dezember kamen die Spanier jäh auf den Boden der Realität zurück, als die *Santa Maria* durch ein unnötiges Versehen in der Bucht von Manzanillo kenterte. »Unserem Herrn gefiel es, dass um Mitternacht, als ich zu Bett gegangen war, völlige Windstille herrschte und das Meer glatt wie Öl dalag, alle sich zur Ruhe niederlegten und das Steuerruder einem Schiffsjungen anvertrauten. So geschah es, dass die Strömung das Schiff in aller Ruhe auf eine Untiefe auffahren ließ, die trotz der nächtlichen Stunde schon meilenweit vorher hörbar und sichtbar war. Da begann der Schiffsjunge, der das Aufstoßen des Steuers auf Grund spürte und das Krachen vernahm, ein lautes Geschrei zu erheben. Ich hörte sein Rufen und war sofort zur Stelle, noch ehe jemand anderer es bemerkt hatte, dass wir auf Grund gefahren waren.« Wie aus dem Bericht weiter hervorgeht, brach ein wildes Durcheinander aus, und jede Hilfe kam zu spät. Als die Ebbe einsetzte, neigte sich das Schiff langsam zur Seite, und durch die Fugen drang Wasser ein. Der Admiral bemerkte beiläufig, er habe strengstens untersagt, dem Schiffsjungen das Steuerruder zu überlassen, und die Bucht gerade zwei Tage vor dem Unglück in Besitz genommen. Anschließend erging er sich in vielen Rechtfertigungen. Er hatte einen unverzeihlichen, schwerwiegenden Fehler begangen. Da es Weihnachten war, darf man wohl annehmen, dass die Besatzung der *Santa Maria* samt ihrer Offiziere in diesen fernen Gestaden in der festlichen Hochstimmung ihre Pflichten vernachlässigt hatte.

Aber damit nicht genug. Martin Alonso Pinzon, der Kapitän der *Pinta*, trennte sich heimlich von der Flotte, um auf eigene Faust Gold zu erbeuten. So blieb dem Admiral nur noch die *Niña* des Vincente Pinzon, aber auf diesem Schiff war nicht genug Platz, um alle Schiffbrüchigen unterzubringen. Die Lage spitzte sich zu, aber Kolumbus behielt einen erstaunlich kühlen Kopf. »Meine tiefe Kümmernis über den Verlust meines Schiffes begann zu weichen angesichts der Erkenntnis, dass der Herrgott das Schiff gerade an jenem Orte hatte auflaufen lassen, um hier eine Niederlassung zu gründen. (...) Denn hätte ich hier nicht mein Schiff verloren, so würde ich gewiss meine Fahrt auf offener See fortgesetzt haben, ohne mich an diesem Orte aufzuhalten, da er sich am Abschluss einer großen Bucht befindet, die zwei oder auch mehrere Untiefen birgt. Auch hätte ich nicht einen Teil meiner Besatzung dort zurückgelassen; noch hätte ich, auch wenn ich dies hätte tun wollen, dafür so gut Vorsorge treffen können; ich hätte sie nicht mit allem Nötigen an Lebensmitteln

und Baumaterial für eine Festung versorgen können. (...) Mithin werden die hier Zurückbleibenden über genügend Holz verfügen können, um das Festungswerk zu erbauen, und mit Vorräten an Brot und Wein, die für ein ganzes Jahr ausreichen, reichlich versorgt zu sein. Überdies werden sie genügend Samenkörner, das Boot der *Santa Maria*, einige Fachwerkleute und andere Männer, die hier Aufenthalt nehmen möchten, um Euren Hoheiten zu dienen und mir den Gefallen zu erweisen, den Standort der Goldminen auszukundschaften, zu ihrer Verfügung haben.«

Der Abschied nahte. Leider waren auch die letzten Boote von ihrer Goldsuche unverrichteter Dinge zurückgekehrt. Statt Gold brachten sie eine Rhabarberpflanze mit, »um sie dem König und der Königin als Kostprobe vorlegen zu können«. Zum Abschied donnerten ein paar Salven aus den Geschützen an Bord, die Häuptling Guacanagari Respekt einflößen sollten. Der Zeichensprache der Indianer meinten die Spanier entnehmen zu können, der Häuptling habe die Anfertigung einer lebensgroßen Statue des Admirals aus purem Gold angeordnet. »Sie sei bloß nicht rechtzeitig fertig geworden.« Die Abfahrt erfolgte am 4. Januar; 39 Europäer blieben in Fort La Navidad. Zwei Tage später konnte Kolumbus die *Pinta* wieder in Empfang nehmen, und am 16. Januar 1493 im Morgengrauen brachen die beiden Karavellen nach Spanien auf. Auf den Azoren legten sie eine Zwischenlandung ein. Danach wurden sie bei stürmischer See getrennt. Da der Admiral mit der *Niña* an die Küste von Lissabon getrieben wurde, musste er zunächst König Johann II. von Portugal von seiner Entdeckungsreise Bericht erstatten.

Als sie am 15. März in Palos eintrafen, wurden sie von der jubelnden Menge empfangen. Nach dem Bericht von Las Casas wurde der Admiral mit seinen Mannschaften »im Triumphzug durch die Stadt geleitet, und in zahlreichen Gottesdiensten dankten sie dem Herrn, eine so einzigartige und glanzvolle Leistung ermöglicht zu haben«. Vier Wochen lang ging es im Triumphzug quer durch Spanien bis nach Barcelona, wo sich der Hof befand. Die Mannschaften, die Soldaten und sieben gefangene Indianer bildeten die Spitze, gefolgt von den Pferden des Admirals, seiner Söhne, der Lotsen und der hohen Offiziere der Expedition. In einer berauschenden, prächtig inszenierten exotischen Parade zogen sie durch das Land, und das Volk bewunderte all die zur Schau gestellten Dinge: die Waffen und andere Besitztümer der Indianer, die magere Ausbeute an Goldkörnern und Edelsteinen, mit langen Muschel- und Federgirlanden prunkvoll in Szene gesetzt, die Zigarren, an denen sich die Männer voller Stolz berauschten, die exotischen Blumen und Pflanzen, die vierzig Papageien, grüne und gelbe, und die anderen bunt gefiederten Vögel, die beinahe wie Papageien aussahen. Als die Könige niederknieten, um das Te Deum anzustimmen, nahmen sie Kolumbus in ihre Mitte.

Immer wieder behauptete er, zu wissen, dass sich auf der einen oder anderen Insel Goldlager befänden, obwohl es sich dabei nur um vage Vermutungen handelte, und hatte immer eine Ausrede parat, um seine magere Ausbeute zu rechtfertigen. Nachdem der Admiral einem Fluss an der Nordküste von Hispaniola den Namen »Goldstrom« gegeben hatte, verstieg er sich zu der dreisten Behauptung, er habe von diesem goldhaltigen Sande nichts mitgenommen, »da Ihre Hoheiten in unmittelbarer Nähe ihrer Ortschaft Navidad bereits große Mengen davon besitzen«.

Hintergrund-Illustration: Ernte der *Pacona*-Frucht *(Pacoba)*. Stich in: *Histoire d'un voyage fait en la terre du Brésil* von Jean de Léry, 1578.

Rechte Seite: Druckfassung eines Briefes, den Kolumbus im Februar bis März 1493 an seinen Gönner, den Verwalter der königlichen Privatschatulle und Mitglied des Königlichen Rats, Luis de Santangel, von seiner Reise schrieb. Darin zählte Kolumbus die neu entdeckten Länder auf und beschrieb die Insel Hispaniola in leuchtenden Farben. Sein Brief wurde in Sevilla gedruckt und über Europa verbreitet.

SEÑOR por que se que aureis plazer dela grand vitoria que nuestro señor me
ha dado en mi viaie vos escriuo esta por la q̄l sabreys como en veinte dias pase A
las indias cō la armada q̄ los illustrissimos Rey e Reyna nr̄os señores me dieron
dōde yo falle muy muchas Yslas pobladas cō gente sin numero: y dellas todas
he tomado posesion por sus altezas con pregon y uādera rreal estendida y non me fu
e cōtradicho Ala primera q̄ yo falle puse nombre sant saluador a comemoracion desu alta mages
tat el qual marauillosamente todo esto andado los idios la llaman guanahani Ala segūda
puse nonbre la isla de santa maria deconcepcion ala tercera ferrandina ala quarta la isla bella
ala quinta la Ysla Juana e asi a cada vna nonbre nuevo Quando yo llegue ala Juana seg
ui io la costa della al poniente y la falle tan grande q̄ pense que seria tierra firme la prouicia de
catayo y como no falle asi villas y luguares enla costa dela mar saluo pequeñas poblaciones
con lagente delas q̄les nopodia hauer fabla por que luego fuyan todos: andaua yo a de
lante por el dicho camino pēsando deno errar grādes Ciudades o villas y al cabo de muchas
leguas visto q̄ no hauia inouaciō i que la costa me leuaua alsetētrion de adōde mi voluntad
era cōtraria porq̄ el yuierno era ya ēcarnado yo tenia proposito de hazer del al austro y tan biē
el viēto medio adelāte determine deno aguardar otro tiēpo y bolui atras fasta vn señalado puer
to de adōde ēbie dos hōbres por la tierra para saber si hauia Rey o grādes Ciudades ādoui
erō tres iornadas y hallarō infinitas poblaciōes pequeñas i gēte si numero mas no cosa de reg
imiēto por lo qual se boluierō yo entēdia harto de otros idios q̄ ia tenia tomados como conti
nuamēte esta tierra era Ysla e asi segui la costa della al oriēte ciento i siete leguas fasta dō de fa
zia fin: del qual cabo vi otra Ysla al oriēte disticta de esta diez o ocho leguas ala qual luego
pu se nombre la spañola y fui alli y segui la parte del setentrion asi como dela iuana al oriente.
clxxviii grādes leguas por linia recta del oriēte asi como dela iuana la qual y todas las otras
sō fortissimas en demasiado grado y esta enestremo en ella ay muchos puertos enla costa dela
mar si cōparaciō de otros q̄ yo sepa en cristianos y fartos rios y buenos y grandes q̄ es mara
villa las tierras della sō altas y ē ella muy muchas sierras y mōtañas altissimas si cōparaciō
de la isla de cētre frei todas fermosissimas de mil fechuras y todas ādabiles y llenas de arbols
de mil maneras i altas i parecen q̄ llegā al cielo i tēgo por dicho q̄ iamas pierdē la foia segun lo
puede cōphēder q̄ los vi tā verdes i tā hermosos como sō por mayo en spaña i dellos staua flor
ridos dellos cō fruto i dellos enotro termino segū es su calidad i cātaua el ruiseñor i otros pa
xaricos demil maneras en el mes de nouiēbre por alli dōde io ādaua ay palmas de seis o de
ocho maneras q̄ es admiracion verlas por la diformidad fermosa dellas mas asi como los o
otros arboles y frutos eieruas en ella ay pinares amarauilla e ay canpiñas grādissimas e ay mi
el i de muchas maneras de aues y frutas muy diuersas enlas tierras ay muchas minas deme
tales e ay gēte istimabile numero La spañola es marauilla la sierras y las mōtañas y las vegas
i las campiñas y las tierras tan fermosas y gruesas para plantar y sebrar paciar ganados de to
das suertes para hedificios de villas e lugares los puertos dela mar aqui no hauria creencia sin
vista y delos rios muchos y grandes y buenas aguas los mas delos quales traē oro ē los arbo
les y frutos e yeruas ay grandes differencias de aquellas dela iuana en esta ay muchas specie
rias y grandes minas de oro y de otros metales. La gente desta ysla y de todas las otras q̄ he
fallado y hauido: ni aya hauido noticia andan todos desnudos hōbres y mugeres asi como
sus madres los parē haun que algunas mugeres se cobiian vn solo lugar cō vna foia de yer
ua: o vna cosa dealgodō que pa ello fazen ellos no tienen fierro ni azero ni armas ni so
nello no por que no sea gente bien disposta y de fermosa estatura saluo que sō muy te
amarauilla no tienē otras armas saluo las [illegible] as delas cañas quando [illegible] cōla simiente o
equal ponen al cabo vn pa lillo agudo eno osan vsar de aqllas que mu [illegible] vezes m[illegible]
embio embiar atierra dos o tres hombres alguna villa pa hauer fabl[illegible] , salir [illegible]

Linke Seite:
Huehueteotl, Feuergott und Vater und Mutter aller Götter. Auf seinen drei nächsten Reisen, die Kolumbus vergeblich unternahm, um die westliche Durchfahrt nach Indien zu finden, segelte er zwischen Guyana und Yukatan haarscharf an den alten Kulturen Mexikos und Perus vorbei. Erst viel später, am 16. August 1519 marschierte Hernando Cortez nach Tenochtitlán (Mexiko). Die Grausamkeit der Eroberungszüge gegen Neuspanien und Peru ist berüchtigt. Kolumbus, dem die Anerkennung noch versagt blieb, starb nur achtzehn Monate nach seiner Gönnerin Isabella von Kastilien am 20. Mai 1506 in Valladolid. Terrakotta. Veracruz, Mexiko, 600–800.

Rechts:
Figurengefäß als Graburne. Zapotekenkultur (450–650). Region Oaxaca, Mexiko.

Kolumbus hatte auf seiner Reise erfolglos nach vermeintlichen Schätzen gesucht. Er verfasste während der Überfahrt einen Brief an die Könige, den er ihnen über den Verwalter der königlichen Schatzkammer, seinen Gönner Luis de Santangel, zustellen ließ. Mit diesem Brief setzte er gewissermaßen den letzten Tupfer auf ein ohnehin bereits geschöntes Bild, das er von Hispaniola gezeichnet hatte: »Alle diese Inseln sind von erstaunlicher Fruchtbarkeit; doch gilt dieses in ganz besonderer Weise von letzterer Insel. An ihrer Küste eröffnen sich zahlreiche Häfen, die in Europa schwer ihresgleichen finden; viele große Flüsse münden von hier aus ins Meer. (...) Das Innere des Landes ist stark besiedelt und reich an Erzgruben. Die ›Spanische Insel‹ (Hispaniola, Haiti) ist ein wahres Naturwunder: Ihre zahlreichen Gebirge, weiten Ebenen und fruchtbaren Landschaften eignen sich in hervorragender Weise zur Anlage von Pflanzungen, zur Viehzucht und zur Errichtung von Städten und Ortschaften. Von der Schönheit der natürlichen Seehäfen kann man sich kein rechtes Bild machen, wenn man sie nicht mit eigenen Augen gesehen hat. Die Flüsse sind äußerst zahlreich, sehr breit und viele von ihnen sehr goldhaltig. (...) Hier gibt es viele Gewürze und große Goldminen, wie auch andere Erzgruben. (...) Die Eingeborenen lassen sich nicht davon abbringen, dass ich vom Himmel gekommen sei. Sie waren die Ersten gewesen, diese Kunde von Ort zu Ort, wo ich auftauchte, zu verbreiten, indem sie überall laut ausriefen: ›Kommt nur und seht euch die Männer des Himmels an!‹ Und nachdem die Männer und Frauen sich von unsern guten Absichten überzeugt und so Mut gewonnen hatten, kamen sie uns scharenweise, jung und alt, entgegen, wobei sie uns in herzgewinnender Gastfreundschaft zum Essen und zum Trinken anboten. (...) Ich habe auf der Spanischen Insel an geeigneter Stelle, die zur Ausbeute der Goldminen und zur Ausgestaltung des Handelsverkehrs sowohl mit dem hiesigen Festland als mit dem Lande des Großen Khan besonders angezeigt schien, eine große Ortschaft in aller Form besetzt, der ich den Namen ›Villa de la Navidad‹ gab. Hier ließ ich Befestigungen und ein Fort errichten, das zur Stunde bereits fertiggestellt sein dürfte. (...) Man berichtete mir auch, dass es eine weitere Insel, größer als die Spanische gibt, deren Bewohner kein Kopfhaar haben und wo eine Unmenge Goldes zu finden sei. Von dieser und von den andern Inseln habe ich einige Eingeborene mit mir genommen, die mir als Zeugen dienen sollen. Abschließend können Ihre Hoheiten, wenn man bloß die Ergebnisse dieser Reise, die mit solcher Eile durchgeführt wurde, berücksichtigt, schon jetzt gewiss sein, dass ich ihnen so viel Gold verschaffen kann, als sie nur wollen, wenn sie mir nur einigermaßen dabei behilflich sein wollten. Überdies werden ihnen Gewürze, Baumwolle und Mastixharz in jedem gewünschten Ausmaß zu Gebote stehen. (...) Auch Aloe und Sklaven werden von dort in jeder gewünschten Menge eingeführt werden können. Ich glaube, auch Rhabarber und Zimt gefunden zu haben, und werde in der Lage sein, noch weitere wertvolle Produkte nach den Angaben jener Männer, die ich auf der Spanischen Insel zurückgelassen habe, zu finden.«

Man würde es sich allzu leicht machen, den Entdecker Kolumbus als gemeinen Schwindler abzutun. Die abenteuerliche Entdeckerfahrt, die er mit seinen Begleitern unternommen hatte, galt seinerzeit als eine Leistung, die in das Reich der Wunder gehörte. Wer ihm einen Hang zum Aufschneiden unterstellen möchte, sollte nicht vergessen, dass diese Erfahrungen vielleicht durch kollektive visionäre Vorstellungen aus einem uralten überlieferten Mythen- und Sagenschatz verbrämt in die Bordbücher eingingen. Demnach wäre es durchaus denkbar, dass sich die Umzäunung, aus den alten Planken und Bohlen der schiffbrüchigen *Santa Maria* um ein paar Hütten gezogen, in der Erinnerung in eine imposante Festungsmauer über der sagenhaft reichen Stadt La Navidad verwandelte.

Schon zwei Wochen nach seiner Rückkehr, noch bevor er nach Palos zu seinen Königen aufbrach, erhielt Kolumbus die Weisung, auf der Stelle seine nächste Reise vorzubereiten.

»Da es Gottes Wille ist, Euch für die vollbrachte Leistung Lohn und Anerkennung zu gewähren, und da es unser Wille ist, fortzusetzen und zu Ende zu führen, was mit Gottes Hilfe begonnen wurde, bitten wir Euch, so schnell Ihr könnt, hierherzukommen. Der Sommer ist schon da, und wir sollten Eure Rückkehr in das neu entdeckte Land nicht aufschieben.« Sechs Monate später, am 25. September, stachen siebzehn Schiffe in Cadiz mit fünfzehnhundert Männern an Bord in euphorischer Stimmung mit Kurs auf Westindien in See. Im Verlauf dieser zweiten Reise entdeckten sie die Kleinen Antillen: »Dominica«, weil sie die Insel an einem Sonntag entdeckten; »Maria-Galante«, dem Admiralsschiff zuliebe; »Los Santos« zu Ehren aller Heiligen und »La Desirada«, weil sie »die Ersehnte« war. Die Insel Guadeloupe verdankt ihren Namen dem Kloster Santa Maria de la Guadelupe in der Estremadura. So wollte es ein Gelübde, das die Seeleute in Seenot auf der Heimreise ablegten. Dieses Kloster war übrigens auch bei portugiesischen Seefahrern bekannt. In Basse-Terre fanden die Spanier Spuren von Menschenfressern. Dort lebten die berüchtigten *Caniba* odeer *Cariba*, von deren Sitten und Bräuchen sie schon während der ersten Reise gehört hatten. Die Spanier nahmen von fast allen Inseln der Kleinen Antillen bis nach Puerto Rico Besitz. Am 22. November zeichneten sich die Umrisse der Insel Hispaniola am Horizont ab, und fünf Tage später erreichte die Flotte Fort La Navidad. Die Spanier waren sich ihrer selbst sehr sicher. »Weil weder der König noch seine Untertanen Waffen zu bedienen wissen und nackt und wehrlos herumlaufen, dürfte es meinen Leuten nicht schwerfallen, die ganze Gegend zu beherrschen und nötigenfalls zu verteidigen. Wenn die Spanier sich vernünftig verhalten werden, können die Inselbewohner für sie keine ernstliche Gefahr bedeuten.«

Links:
Duho. Sitzmöbel der Taïno (Haiti). Im November 1492 ließ Kolumbus Kuba durch zwei seiner Kundschafter, Rodrigo de Xeres und Luís Torres, untersuchen. Danach erzählten sie, man habe ihnen feierlich »Stühle angeboten. Sie waren aus massivem Holz geschnitzt und merkwürdigen kurzbeinigen Tieren mit aufgestelltem Schwanz als Rückenlehne nachempfunden. Der Kopf war groß, und die Augen waren mit Gold eingefasst.« (Nach den Erinnerungen des Fernando Colombo) Präkolumbische Kunst der Antillen (Taïno-Kultur, Haiti). Den Sitz aus Guajakholz soll Kolumbus persönlich mitgebracht haben.

Links unten:
Tapuya-Frau. Hier soll der Kannibalismus in Maranhão (Brasilien) besonders drastisch dargestellt werden, um vor dem Laster zu warnen. Reise-Illustration von Zacharias Wagner, um 1634.

Rechte Seite:
Oppidum Pomeiooc. Ansicht eines eingezäunten Dorfes in: *Admiranda Narratio.* Bericht von Richard Greinville über seine Reise nach Britisch-Virginia im Jahr 1585. Kolorierter Stich von Théodore de Bry. *Grands Voyages,* 1591.

A
B
T.B.
19

MARE OCEANUM
ASIA
EVROPA

Linke Seite:
Der Baske Juan de la Cosa, Steuermann und Schiffseigner der *Santa Maria*, zeichnete im Jahr 1500 in der Nähe von Cadiz die erste Karte von der Neuen Welt. Westen ist oben: Dort wird der Atlantik, hier noch als *Mare Oceanum* bezeichnet, von einer dunklen Landmasse begrenzt. Kolumbus, der sich nach dem ptolemäischen Weltbild richtete, musste nach dieser Auffassung Asien entdeckt haben. Das Bildnis des Hl. Christopherus verdeckt die Stelle, an der die noch unentdeckte Durchfahrt nach Indien vermutet wurde.

Unten:
Namenszug von Kolumbus auf einer Handschrift im Kloster in Rábida. Denkbare Deutungen des Kryptogramms: *Sanctus, Sanctus, Sanctus, Xhristus, Maria, Yosephus* oder auch *Xristobal, Almirante Mayor Yndias Sub Scripsi*.

der nächsten Reise werden die Schiffe in der Lage sein, eine so große Menge Gold mitzubringen, dass alle, die darüber hören, in Erstaunen fallen.«

Ende Januar 1494 schrieb Kolumbus abermals einen Brief an die Katholischen Könige, den er dem Kapitän der *Maria-Galante,* Antonio de Torres, anvertraute. »Wir haben zahlreiche goldhaltige Bäche entdeckt, und die Männer, die sie entdeckten, schöpften das Gold mit vollen Händen, und als sie zurückkamen, erzählten sie voller Freude von einem Überfluss, den ich Euren Hoheiten nicht beschreiben kann, weil ich die Worte nicht finde.« Aber zu diesem Zeitpunkt existierte das alles nur in der Einbildung.

Der Admiral beklagte den Mangel an Arbeitskräften und Lasttieren. Er verlangte enorme Mengen von Nachschub an Menschen und Vorräten. Diese maßlose Selbstüberschätzung eines Spielers, der die Flucht nach vorn antrat, weil er alles auf eine Karte gesetzt hatte und damit rechnen musste, dass ihm das Glück eines Tages nicht mehr hold sein würde, war ein erstes Anzeichen der Resignation.

Im Verlauf dieser zweiten Reise kam es zu einer denkwürdigen Episode. Der folgende Textauszug dokumentiert in seiner umständlichen Ausdrucksweise einen Anachronismus, der sich nur unter Berücksichtigung der damaligen psychologischen Hintergründe verstehen lässt. Im Juni 1494 nahm der Notar von Isabella, Fernando Perez de Luna, die folgende eidesstattliche Erklärung auf:

»Nachdem ich dies geschworen, ersuche ich die anwesenden Kommandanten der Karavelle *Niña* und ihre Besatzungen, deren Namen mit Angabe ihres Geburtsorts nachstehend aufgeführt sind, dies ihrerseits zu schwören. Ich erkläre hiermit, die Kommandanten und Besatzungen der beiden vorstehend genannten Karavellen ersucht zu haben, dies vor den nachstehend aufgeführten Zeugen zu schwören. Im Namen des Herrn Admiral erkläre ich, dass jeder, der diesen Schwur, wann und wo auch immer, widerrufen wird, mit einer Strafe von zehntausend Maravedis belegt wird und dass ihm außerdem die Zunge herausgeschnitten wird, während die Schiffsjungen und ihresgleichen mit hundert Peitschenhieben und dem Verlust ihrer Zunge bestraft werden. Daraufhin schwört die gesamte Besatzung aller drei Karavellen, die Steuermänner, die Kommandanten und die Matrosen, nach dem

Studium ihrer Karten und nach reiflicher Überlegung getrennt voneinander zu folgendem Schluss gelangt zu sein: Nach diesem Schwur bestätigt Francisco Niño de Moguer, Steuermann der Karavelle *Niña*, von dieser Insel, die ungefähr 335 Meilen lang ist, aber noch nicht ganz und gar untersucht wurde, bis zu diesem Tage noch nie etwas gehört, geschweige denn gesehen zu haben. Er bestätigt, sich mit eigenen Augen überzeugt zu haben, dass sich diese Küste sowohl nach Süd-Südwesten und Südwesten als auch nach Westen fortsetzt und dass er daher sagen kann, dass es sich um die Festlandküste handelt. Er bestätigt, dass er keinen Zweifel hege, dass es sich um die Festlandküste und nicht um eine Insel handele und dass man nach wenigen Seemeilen der Küste entlang in ein besiedeltes Land mit zivilisierten, weltkundigen Menschen gelange. Dies bestätigen Alonso Medel de Palos, Kapitän der Karavelle *Niña*, Juan de la Cosa aus Santa Maria, Erster Kartograph der *Niña*, und alle Matrosen, Schiffsjungen und sonstigen Personen mit seemännischen Erfahrungen, die sich auf besagter Karavelle *Niña* befinden. Selbiger Schwur wird auch von den Besatzungen und Passagieren der Karavelle *San Juan* und der Karavelle *Cardera* vor nachstehend genannten Zeugen geleistet.«

Demnach war die Insel Kuba also ein Teil des chinesischen Festlands! Wären sie noch einige Seemeilen nach Norden gefahren, hätten sie das Kap San Antonio entdeckt – und ihren Irrtum bemerkt. Aber die drei Karavellen mussten sich bei stürmischer See ihren Weg durch die Untiefen vor der kubanischen Südküste bahnen. Da der Admiral unter Zeitdruck stand, hatte er sich dieses Eilverfahren ausgedacht. Dem erfahrenen Steuermann José de la Cosa, der sich im Meer der Antillen bestens auskannte, müssen dann eines Tages doch Zweifel gekommen sein. Jedenfalls brach er seinen Schwur sieben Jahre später, denn auf der Seekarte, die er 1501 von der Neuen Welt anfertigte, ist Kuba richtig als Insel eingezeichnet. Auf dieser historischen Karte ist im Westen des Atlantiks (*Mare Oceanum*) eine Landmasse zu sehen, die sich von den weißen Bereichen der Küsten Europas und Westafrikas dunkel abhebt. Und weil die Meerenge von Panama zu diesem Zeitpunkt noch nicht entdeckt war, bedeckte er die Stelle, an der man die Durchfahrt nach Westen vermutete, mit einem Bildnis des Heiligen Christopherus.

DAS IRDISCHE PARADIES

Im Jahr 1498 waren die spanisch-französischen Auseinandersetzungen in Italien und die im Zuge der Bündnispolitik Ferdinands beschlossene Vermählung der Thronerbin Johanna »der Wahnsinnigen« mit König Philipp I. der Niederlande für die Zukunft Spaniens wahrlich wichtiger als die dubiosen Geschäfte mit Westindien. Die Sklaven waren nicht erwünscht, und das Interesse an den wenigen Körnchen Gold hatte sich gelegt. Kolumbus fiel in Ungnade, erhielt aber gegen den Willen des ihm feindlich gesonnenen Ferdinand von Aragonien seine Privilegien von Isabella von Kastilien zurück. Noch einmal triumphierte er über seine Widersacher. Als der Admiral mit seiner Flotte zum dritten Mal in See stach, war Vasco da Gama bereits seit zehn Tagen in Calicut. Er hatte den Seeweg nach Ostindien entdeckt, aber das konnte in Europa noch niemand wissen. Mit einem Vollschiff und

Rechte Seite:
Brasilien. Die großen südamerikanischen Ströme Orinoco, Amazonas, Rio de la Plata und Paraná wurden auf den Karten der Neuen Welt als dekoratives Beiwerk übertrieben groß dargestellt.

Hintergrund-Illustration: Tupinamba-Familie in Brasilien. Für die Europäer waren Hängematte und Ananas ein Inbegriff des Exotischen, in Brasilien waren sie alltäglich. Die Freundlichkeit dieses Paares kontrastiert mit den Darstellungen des Zacharias Wagner. Stich in: *Histoire d'un voyage fait en la terre du Brésil.* Jean de Léry, 1578.

Mare antiliarum.
SEPTENTRO
Peru
America
Mare aque dulcis
EQVINOCTIALI
Cambales.
Brasilus.
Quarta orbis pars.
TROPICVS CAPRICORNI
Terra argẽtea.
Mundus nouus.
ORIENS
Terra Incognita
Mare muẽti p magalhões.

zwei Karavellen trennte sich Kolumbus von der Armada, um Kurs auf den Äquator zu nehmen. Fast hätte er wegen der unerträglichen Hitze aufgegeben und traf schon Anstalten, wieder nach Norden zu segeln, als am 31. Juli vom Ausguck Land in Sicht gemeldet wurde. Diese Insel nannte er Trinidad, und in dem Kanal, der sie von der Festlandküste trennt, erblickte er schließlich zum ersten Mal die Küste Südamerikas. Das Meer war sehr unruhig wegen der starken Strömungen, was ihm Sorgen bereitete, aber dann fiel ihm der niedrige Salzgehalt des Wassers auf. Er schloss daraus, dass es einen großen Strom geben müsse, der sich in den Golf von Paria ergoss. In der Tat befand er sich vor der Orinoco-Mündung. »Aber nachdem ich die Linie, von der ich gesprochen, hinter mir gelassen hatte, fand ich, dass sich die Temperatur milderte, so dass ich bei der Insel Trinidad, wo sich der Polarstern ebenfalls bei Einbruch der Nacht um fünf Grad erhob, und auch in der Tierra de Gracia eine äußerst milde Temperatur vorfand. (...) Die Heilige Schrift bezeugt, dass Gott unser Herr das irdische Paradies schuf, den Lebensbaum dareinsetzte, unter dem eine Quelle entspringt, von der vier Flüsse ausgehen: der Ganges in Indien, der Tigris und der Euphrat, sie teilen eine Bergkette, bilden Mesopotamien und fließen dann nach Persien, und der Nil, der in Äthiopien entspringt und bei Alexandrien im Meer mündet. (...) Alle die anderen gelehrten Theologen sagen einstimmig aus, das irdische Paradies habe im Osten gelegen. Was ich von dieser Erdhälfte und ihrer Gestalt denke, habe ich schon gesagt. Ich glaube außerdem, dass ich ein noch milderes Klima und viele Unterschiede in den Sternen und den Wassern antreffen würde, wenn ich unter dem Äquator durchführe bis zu dem höchsten Punkt, von dem ich gesprochen habe. Und das nicht nur, weil ich glaube, dass sich an diesem höchstgelegenen Punkt Wasser befindet, so dass er schiffbar ist, sondern weil ich überzeugt bin, dass dort das irdische Paradies liegt, zu dem niemand gelangen kann, es sei denn aus göttlichem Willen. (...) Ich bin der Meinung, es befinde sich auf der Höhe jenes Ortes, der die Gestalt des Birnenstieles hat, zu dem man sich nach und nach aus großer Entfernung stufenweise erhebt. Ich glaube auch, dass niemand jene Höhe erreichen kann und dass dieses Wasser von jenem Ort hervorquillt, so weit er auch entfernt sein mag, um dort zu münden, woher ich komme, und diesen See zu bilden. Das sind große Hinweise auf das irdische Paradies.« Einige

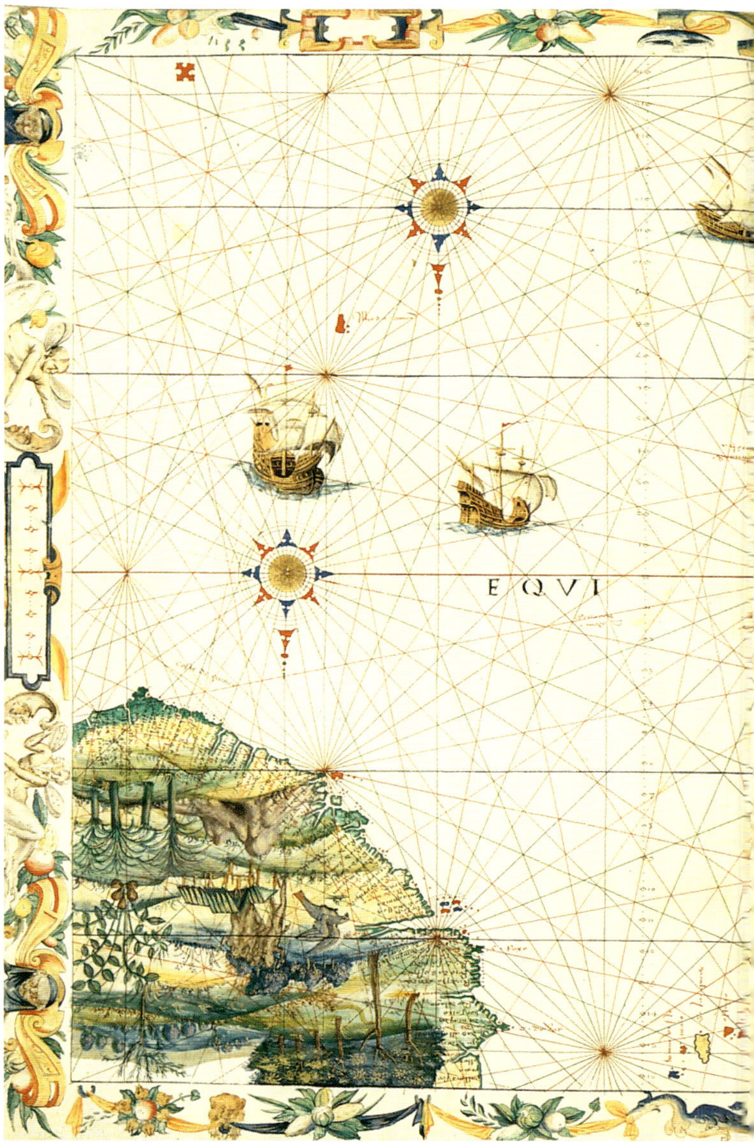

Hintergrund-Illustration:
Brasilianischer »Feldherr«.
Géographie du Monde.
Artus Fonnant, 1633.

Unten:
Portugiesischer Atlas.
Anonym, um 1538.

Tage später bemerkte er, wie schnell er vorankam, obwohl er Kurs nach Norden hielt: »Dies bestätigt meine Annahme, dass man aufwärts fährt, wenn man von jenem Punkt gegen Süden steuert, dagegen abwärts, wenn man Kurs nach Norden hält, wie ich es damals tat.«

In diesem Brief an die Katholischen Könige über seine dritte Reise führte Kolumbus einen neuen irritierenden Aspekt ein, denn die geographischen Angaben in der Heiligen Schrift über die vier Paradiesströme sind ziemlich unklar (Genesis, 8 bis 14). Auch der tief verwurzelte Aberglaube, Gold werde am Äquator durch die Glut der Sonne von der Natur geschaffen, bestärkte die Menschen darin, die tropischen Länder mit dem Nimbus des Magischen zu umgeben. All dies war auch Bestandteil der Kultur, der die Entdecker angehörten, und beeinflusste ihr Denken ebenso wie die Geographie des Ptolemäus, die Fabelwesen der Bestiarien und die phantastischen Reiseerzählungen eines Marco Polo.

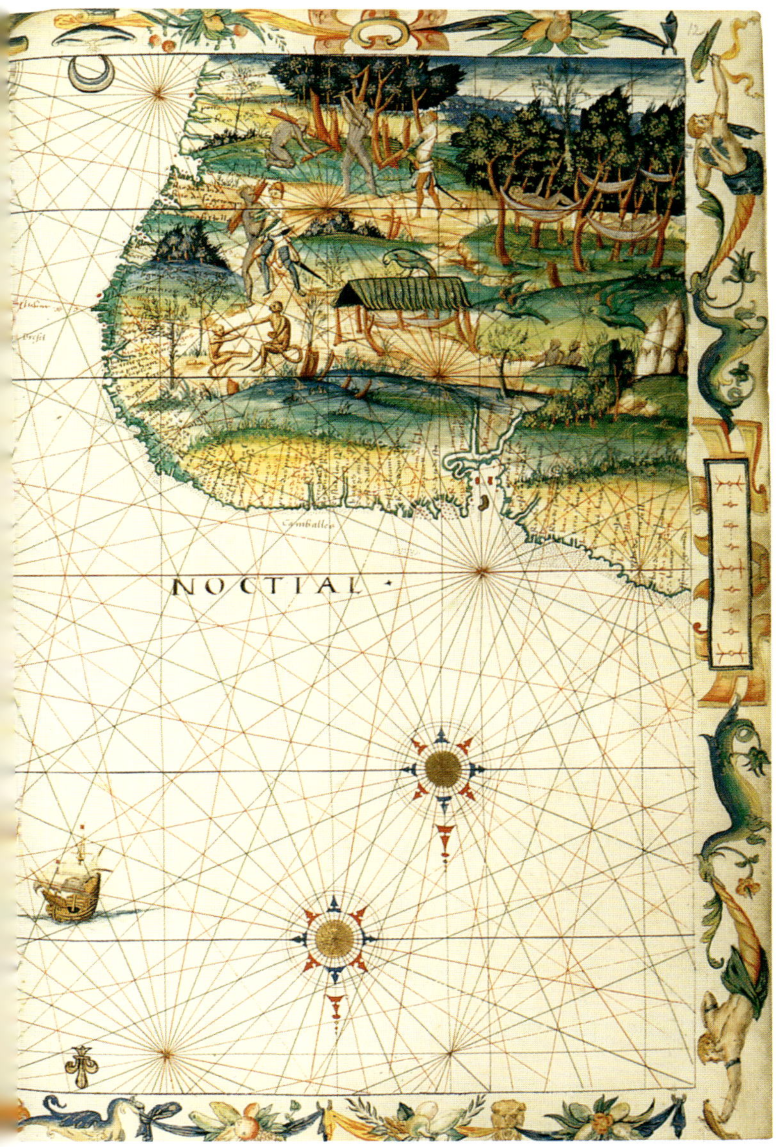

AMERIKA

Wäre Granada 1492 nicht gefallen oder hätte Kolumbus Schiffbruch erlitten, dann hätten die Portugiesen sicherlich Amerika entdeckt!

Zwei Jahre nachdem Kolumbus an der Orinoco-Mündung das irdische Paradies entdeckt zu haben glaubte, folgte die Flotte des Portugiesen Pedro Alvares Cabral den Spuren Vasco da Gamas nach Ostindien, um dort den Grundstein des portugiesischen Weltreichs zu legen. Aber es verschlug ihn an die Küsten Brasiliens. Nachdem die Schiffe zunächst in hohem Bogen Kurs auf den Südatlantik genommen hatten, segelten sie mit den Nordostwinden und hofften, auf einen günstigen Wind von Westen zu stoßen, der sie zum Kap der Guten Hoffnung tragen würde. Von dort aus ging es dann weiter nach Ostindien.

»Und am folgenden Mittwoch (22. April), morgens, sahen wir Vögel, die sie Seemöven nennen. In den Abendstunden desselben Tages war Land in Sicht! Zuerst sahen wir einen großen Berg, hoch und rund; darauf erblickten wir südlich von ihm niedrigere Gebirgsrücken und flaches Land mit großen Hainen. Diesem hohen Berge gab der Kapitän den Namen Monte Pascoal (Osterberg) und dem Lande den Namen Terra de Vera Cruz (Land des Wahren Kreuzes).«

Links:
Amerigo Vespucci. Gemälde von Antonio Giovanni Varese, 16. Jahrhundert. Palazzo Farnese, Caprarola.

Unten:
Brasilianerin. Reise-Illustration von Zacharias Wagner, um 1634.

Rechte Seite:
Brasilianer. Reise-Illustration von Zacharias Wagner, um 1634.

Schiffsschreiber Péro Vaz de Caminha schrieb im Jahr 1500 auf dem Weg nach Indien einen Brief an König Dom Manuel, in dem er ein Land in strategisch günstiger Lage erwähnt, das die Flotte nach einem Kurswechsel entdeckt hatte. Dass an diesem Ort schon früher einmal Schiffe aus Europa gelandet waren, ist zwar nicht belegt, aber durchaus denkbar. Als Brasilien entdeckt und offiziell in Besitz genommen wurde, befand es sich nach dem Vertrag von Tordesillas (1494) im portugiesischen Hoheitsgebiet, während das übrige Amerika dem spanischen Machtbereich zugeordnet war. So wurde Brasilien zu einer Enklave Portugals innerhalb des südamerikanischen Kontinents, auf dem ansonsten Spanisch gesprochen wird. »Und das Land ist derart lieblich, dass in ihm, wenn man es nutzen will, dank seines Wasserreichtums alles gedeihen wird. Der größte Gewinn, den man indessen von ihm haben kann, ist meiner Meinung nach die Errettung seines Volkes. Und sie muss der wichtigste Samen sein, den Ew. Hoheit hier ausstreuen sollten. Und wenn man an dem Lande nichts weiter als einen Zwischenlandungsplatz auf dem Seeweg nach Calicut haben sollte, würde es genügen.«

Diese knappen Sätze sind bezeichnend für die methodische Vorgehensweise der portugiesischen Entdecker. Die bis dahin noch recht unsystematische, eher improvisierte spanische Methode, sich die Neue Welt zu unterwerfen, sollte sich bald ändern: 1503 gründeten die Spanier nach dem Vorbild der portugiesischen Casa da India die spanische Casa de Contratación de las Indias. Die *Imago Mundi* des französischen Kardinals Pierre d'Ailly (siehe folgende Seite) zählte zu den Lieblingslektüren des Entdeckers Kolumbus. Nach der damals gültigen Theorie musste die nordamerikanische Landmasse, deren Randgebiete er entdeckt hatte, direkt mit Asien verbunden sein. So jedenfalls zeigten es die Landkarten bis in das 16. Jahrhundert hinein. Dagegen war man schon seit langem davon überzeugt, dass es einen vierten Kontinent geben musste,

Im Orient sind die Lebensräume des Menschen sehr ausgedehnt, denn nach Auffassung der Kosmographen soll der weiteste Abstand zwischen der Grenze des Abendlands und der Grenze Indiens mehr als die Hälfte der Erdkugel umfassen. Deshalb nimmt Plinius an, Indien bedecke ein Drittel der bewohnbaren Welt, und nach Auffassung einiger Autoren soll die indische Ostküste beinahe bis an Afrika reichen. Aber damit nicht genug: Ein Viertel der Erde, ja sogar der gesamte Raum der Erdhälfte, die der unsrigen gegenüberliegt, müsse genau wie unsere nach den Erkenntnissen der Naturwissenschaft ebenfalls bewohnbar sein und nicht mit Wasser bedeckt, wie allgemein angenommen wird.

Kardinal Pierre d'Ailly.
Imago Mundi, 1410.

der zum Ausbalancieren der asiatischen Landmassen der südlichen Hemisphäre nötig wäre. So wie das Gewicht Europas auf der südlichen Erdhalbkugel durch Afrika ausgeglichen wurde. Nach dieser Weltsicht, die im Zeitalter der Entdeckungen das Denken prägte, musste Südamerika mit diesem neuen Kontinent identisch sein.

Amerigo Vespucci, die wohl umstrittenste Entdeckerpersönlichkeit, war ein florentinischer Kaufmann im Dienst der Medici, der vier Reisen nach Amerika erst unter spanischer, dann unter portugiesischer Flagge unternahm und Kontakte zu den bedeutendsten Seefahrern seiner Zeit pflegte. Obwohl er selbst niemals die Initiative zu einer Unternehmung ergriffen hatte, wurde er als erster Steuermann der Casa de Contratación in Sevilla damit beauftragt, den *Padrón real*, die streng geheime Landkarte der spanischen Entdeckungen, auf dem neuesten Stand zu halten und die Ausbildung der Steuermänner zu überwachen. Kaufmann von Beruf und Seefahrer aus Berufung, schrieb er zwei Reiseberichte in Briefform, einen an Lorenzo de' Medici und den anderen an Pier Soderini, der in Florenz das Bürgermeisteramt innehatte. Alles in allem nicht mehr als ein paar Blätter. Aber die neue Buchdruckerkunst bedurfte guter Texte, und mit Amerigo Vespuccis Briefen über die neu entdeckten Länder konnte man eine breitere Leserschaft erreichen. Sein schriftliches Vermächtnis beträgt nicht mehr als zweiunddreißig Seiten von ziemlich belanglosem Inhalt. Da er es jedoch als erster Reiseschriftsteller verstand, seine Reiseberichte einem größeren Publikum zugänglich zu machen, verband sich sein Name in den Köpfen seiner Zeitgenossen mit der Entdeckung Amerikas, obwohl er eigentlich nichts dazu beigesteuert hatte.

Mit seinem ersten Brief brachte er den Stein ins Rollen. Er schilderte seine Reise, die ihn an die Küsten Südamerikas führte, als er eine Durchfahrt zu den Molukken suchte, die Magellan zwanzig Jahre später entdecken sollte. Amerigo Vespucci erklärte: »Und mit Recht nennt man sie eine Neue Welt, denn keines dieser Länder

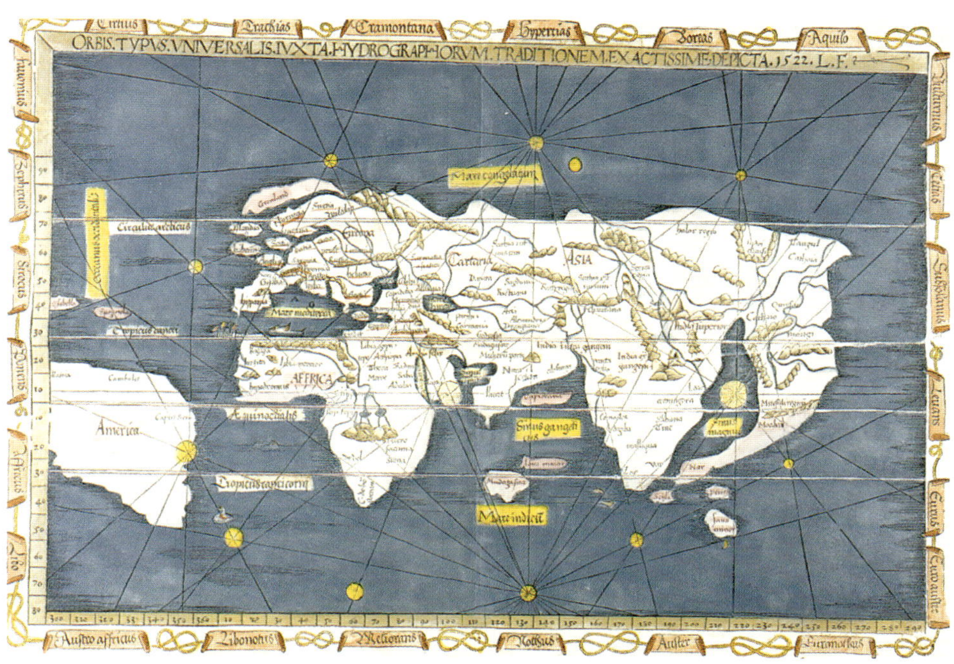

Links:
Bildnis des Amerigo Vespucci. Von einem unbekannten Künstler, ohne Datum.

Unten:
Orbis typus universalis juxta hydrographorum traditionem. Diese Weltkarte von Laurentius Frisius (1522) ist eine Reproduktion von Martin Waldseemüller, der sie 1507 in Saint-Dié als Beilage zur *Geographia* des Ptolemäus druckte. Auf dieser Karte und auf dem großen Planiglobium *Universalis Cosmographiae* desselben Jahres erschien der neue Kontinent erstmals unter dem Namen »Amerika«.

Rechte Seite:
Seite der *Imago Mundi* aus dem Besitz von Kolumbus. Er hinterließ insgesamt 2565 handschriftliche Anmerkungen, davon 475 in seinem Handexemplar des 1483 erschienenen Drucks nach dem Original der *Imago Mundi* (1410) von Kardinal Pierre d'Ailly (1350–1420). Dieser Auszug stammt aus dem achten Kapitel: *Von der Ausdehnung der bewohnbaren Welt*, das Kolumbus ausgiebig mit kontroversen Randbemerkungen versah.

⁊ durat vnus dies in vno loco per vnũ mẽsem In alio per duos In alio per tres vel pl9 . ⁊ pporcionaliter est lõgior illa nox hyemis. Sexta ẽ ꝙ illi qui habitarẽt recte sub polo haberẽt per mediũ ãnũ Solẽ sup orizõtem ⁊ otinuũ diẽ ⁊ per aliud dimidiũ cõtinuam noctẽ Et ita si vocemus diẽ totũ tẽpus quo Sol ẽ super orizontẽ nõ haberẽt toto ãno nisi vnum diem ⁊ noctẽ. Et sicut dictũ est de ista medietate terre que ẽ vers9 poluz articũ siliter itelligendũ est de alia medietate vsus ãtarticũ ⁊ habitatoribus ei9 Et hec õnia sine alia pbatione exẽplariter patẽt i spa materiali.

sub polo artico ī toto a[nno] ē nisi vnu dies ⁊ vna no[x] similr sub polo antartic[o]

De quantitate terre habitabilis Capitulũ octauũ

Ad inuestigandũ quãtitatem habitationis terre itelligendũ est ꝙ habitatio dupliciter osideratr. Vno mõ respectu celi .s. qñtuz propter Solẽ põt habitari / ⁊ qñtum nõ. ⁊ de hoc superi9 generaliter ẽ satis dictũ Alio mõ osideratr respectu aque .s. qñtum aq̃ ipediat. ⁊ de hoc nũc ẽ cõsiderandũ. De quo varie sunt opiniones sapientũ. Nã Ptholome9 libro de dispõne spere. vult ꝙ fere sexta pars terre ẽ habitabilis propter aquã. ⁊ totũ residuũ ẽ coopertũ aq̃. Et ita i Algamesti libro .ii. ponit ꝙ habitatio nota nõ ẽ nisi in quarta terre .s. in qua habitam9 Cui9 lõgitudo ẽ ab oriẽte i occidẽs. ⁊ ẽ medietas eq̃noxialis Et ei9 latitudo ẽ ab equinoxiali i polũ. ⁊ est q̃rta coluri. Sȝ Aristotiles in fine libri celi ⁊ mũdi. vult ꝙ pl9 habitetr q̃ȝ quarta. Et Auerroys hoc cõfirmat Et dicit Aristotiles ꝙ mare paruũ est iter finẽ Hyspanie a pte occidẽtis / ⁊ iter principiũ Indie a parte orientis. Et nõ loquitr de Hyspania citeriori / q̃ nũc Hyspania cõmuniter nominatur. sed de Hyspania vlteriori que nunc Africa dicitur. de qua certi auctores loquuntur. vt Plinius Orosius ⁊ Ysidorus. Insuper Seneca libro quinto naturalium dicit ꝙ mare est nauigabile i paucis diebus si ventus sit conueniens. Et Plinius docet in naturalibus libro secũdo. ꝙ nauigatum est a sinu Arabico vsqȝ ad gades Herculis nõ multum magno tempore. vnde ex hiis ⁊ multis aliis rationib9 de quibus magis tangam cum loquar de Oceano cõcludunt aliqui apparẽter ꝙ mare non ẽ tantuz ꝙ possit coopertire tres quartas terre. Accedit ad hoc auctoritas Esdre libro suo quarto. dicentis ꝙ sex partes terre sunt habitate ⁊ septima est cooperta aquis. cuius libri auctoritatez sancti habuerũt in reuerẽtia. ⁊ veritates sacras per eum confirmarunt. Et ideo videtr ꝙ licet habitatio nota Ptholomeo et eius sequacibus sit coartata ifra q̃rtam vnam plus tamen est habitabile. Et Aristotiles circa hoc plus potuit nosse auxilio Alexandri. Et Seneca auxilio Neronis. qui ad inuestigãdum dubia huius mundi fuerunt solliciti. Sicut de Alexandro testatur Plinius libro octauo. et etiam Solinus. Et de Nerone narrat Seneca libro de naturalib9. Vñ illis magis videtr credendũ q̃ȝ Ptholomeo vl etiam q̃ȝ Albategni q̃ adhuc min9 põit eẽ habitabile. videlȝ solũ duodecimã ptem. Sȝ deficit in pbatiõe sicut possem ostẽdi / sed breuitatis causa transeo

aristotiles int fine ispanie et p[rincipium] indie ē mare puū et [navi]gabile i paucis dieb[us]

plinius nauigatū ē a sinu arabi[co] ad gadis nō multū mag[no tempore]

esdre sex ptes terre sunt habita[te] ⁊ copta aquis

[illegible]

s. augustinus de ciuitate dei

[illegible]

MAXIMVS HIC DIES
MARE CONGELAT
CIRCVLVS
Terra Incognita
OCEANVS OCCIDENTALIS
TROPICVS CANCRI
OCEAN' OCCIDETALIS
MAR DEL SVR
Peru prouincia
TROPICVS
Terra uel mare incognitum
TERRA
CIRCVLVS
MARE CONGELATA
MAXIMVS HIC DIES

Linke Seite:
Planiglobium von Sebastiano Caboto mit den spanischen Besitzungen auf der westlichen Seite der Weltkarte (1544). Stich von Clément Adams, 1559.

Rechts:
Wilde vom Marañón. Daniel de La Ravardière und François de Razilly nahmen sechs Indianerhäuptlinge aus Maranhão (Brasilien) nach Frankreich mit, um sie Ludwig XIII. vorzuführen. Ihr Erscheinen löste eine wahre Sensation aus. Illustration in: *Géographie du Monde*. Artus Fonnant, 1633. Stich von Pierre Firens (1613) nach der Zeichnung von Joachim Duviert: *Wilde, die wir nach Frankreich brachten, um sie zum katholischen Glauben zu bekehren.*

sie uns einen sicheren Ankerplatz zeigten. So drangen wir eine halbe Meile auf dem Strom ins Landesinnere vor und gelangten zu einem wunderschönen See, der ungefähr drei Meilen Umfang hatte. Über den See fuhren unablässig etwa dreißig kleine Boote hin und her, die voller Menschen waren, die uns in Augenschein nehmen wollten. Als sich dann plötzlich ein Wind vom Meer erhob, mussten wir an Bord zurück; wir bedauerten es sehr, weil dieses Land viele Schönheiten und Annehmlichkeiten zu bieten hat und nach dem Mineralgehalt des Bodens reich an Bodenschätzen sein muss. Wir gaben diesem Land den Namen *Angoulême*, nach dem Herzogtum, das Euch unter weniger glücklichen Umständen zugefallen ist.«
Nach landläufiger Meinung wird die Entdeckung dieses Stroms einem gewissen Henry Hudson zugeschrieben; er nahm ihn 1609 für die Holländisch-Indische Kompanie in Besitz und gab ihm seinen Namen. Nach seinen Angaben legten die Holländer 1624 auf der Insel Nut (Gouverneursinseln) die Kolonie Neuniederland (Nieuw Nederlandt) an. Zwei Jahre später kauften sie Manhattan hinzu und gründeten Neu-Amsterdam (Nieuw Amsterdam), aus dem sich New York entwickelte.
Die *Dauphine* setzte ihre Reise fort. »Wir lichteten die Anker und nahmen Kurs auf Westen, wobei wir mehr als achtzig Seemeilen dem Verlauf der Küste folgten, die in Sichtweite blieb. Zehn Seemeilen vor dem Festland stießen wir auf eine Insel in der Form eines Rechtecks und ungefähr so groß wie Rhodos, sehr hügelig, über und über mit Bäumen bedeckt und dicht besiedelt.«
Die Karte von Francesca war im Nu mit angelsächsischen Namen übersät. Trotzdem gibt es zwei Ausnahmen. So ist Akadien dem Entdecker Verrazano zu verdanken, der sich auf diesem Küstenstrich von Maryland »wegen der schönen Bäume« wie im fernen Arkadien fühlte. Und wer weiß heute noch, dass die Insel Rhode Island nach Rhodos benannt und der französischen Königinmutter Louise gewidmet war?

Verlorene Illusionen

Vorhergehende Doppelseite: *Wie ein französisches Schiff ankam und die Wilden um Baumwolle und Brasilholz verhandelten. Wie ich gern auf das Schiff gegangen wäre, was von Gott aber nicht vorgesehen war.* Eine weitere Episode aus dem Leben des Hans Staden. Kolorierter Stich von Théodore de Bry nach einem Holzschnitt von Hans Staden. *Grands Voyages*, 1592.

Linke Seite: *Afrika und Amerika helfen Europa.* Kupferstich von William Blake (1757–1827). Eine Provokation in der damaligen Zeit, da der Kampf der europäischen Abolitionisten gegen die Versklavung und Ausbeutung der Afrikaner in den amerikanischen Baumwollplantagen bereits hohe Wellen schlug.

Rechts: Einwohner der *Terra australis.* Zu diesem Zeitpunkt wurde dieser Kontinent noch nicht mit den holländischen Besitzungen im künftigen Australien in Verbindung gebracht. *Géographie du Monde.* Artus Fonnant, 1633.

Nachdem sich die Entdecker-Euphorie der ersten Stunde gelegt hatte, begann das Martyrium der Siedler auf jenem Kontinent, der eines Tages Amerika heißen sollte, und Kolumbus wurde von ihnen dafür verantwortlich gemacht. Ihr bedauernswertes Dasein war um nichts besser als das der Matrosen, die sich nach Indien eingeschifft hatten, ein Balanceakt zwischen Leben und Tod, und dasselbe Los erwartete die Besatzungen der späteren Expeditionen, die im Eis der Antarktis nach der *Terra australis* suchten. All dies ist nach heutigen Maßstäben unverständlich; man muss sich die Armut vergegenwärtigen, die den Alltag in Europa bis ins 19. Jahrhundert hinein regierte; so gesehen war der unerschütterliche Glaube an eine bessere Zukunft, den schnellen Reichtum und das ewige Glück der einzige Lichtblick, der dieses Elend erträglicher machte. Diese Hoffnung setzte ungeheure Kräfte frei, die eine kommmerzielle Ausbeutung der neu entdeckten Länder ermöglichten und den Menschen die Kraft verliehen, sich diesen Gefahren und Entbehrungen auszusetzen. Sie konnten nicht wissen, dass die Zukunft noch schlimmer war als das, was hinter ihnen lag.

Christoph Kolumbus strebte danach, seiner Leistung die Anerkennung zu verschaffen, die ihm bis dahin versagt geblieben war. Denn gemessen an den sagenhaften Schätzen, die Portugal durch die Eroberung seiner ostindischen Besitzungen zufielen, nahmen sich die Erträge aus seinen westindischen Kolonien eher jämmerlich aus; die Situation war völlig verworren, und sie brachten nur Ärger und Kosten. Der Mensch Kolumbus ist umstritten wegen seiner Aufschneidereien, seiner Fehlentscheidungen, die er als Seemann und Verwalter der von ihm entdeckten Länder traf; auch wegen der Verherrlichung seines Namens, der mit der Entdeckung der Vereinigten Staaten von Amerika und der Stadt New York verbunden ist, obwohl er dort niemals war. Trotzdem hatte Kolumbus Recht behalten, er hatte sich gegen den Prüfungsausschuss der spanischen Gelehrten und den Rest der Welt durchgesetzt. Sein brillanter, unabhängiger Geist, der sich über die wissenschaftlichen, philosophischen und religiösen Dogmen seiner Zeit hinwegsetzte, sein organisatorisches und planerisches Talent, sein unerschrockener Mut und vielleicht auch seine Naivität heben ihn von seinesgleichen ab. Was macht es schon, dass er sich in fast allen Dingen geirrt hatte? Kolumbus hatte es als Einziger verstanden, seine Ideen gegen die Unbilden seiner Zeit in die Tat umzusetzen. Dass er dabei nicht Indien, sondern ein sagenhaftes Eldorado entdeckt hatte, stellte sich erst zwanzig Jahre nach seinem Tod heraus. Er starb nicht in Ungnade, aber in Einsamkeit und Vergessenheit. Und das hatte er nicht verdient.

So manches Schiff, das aus Indien zurückkehrte, bot einen erbarmungswürdigen Anblick. Die Brüder Jean und Raoul Parmentier aus Dieppe brachten von ihrer Ex-

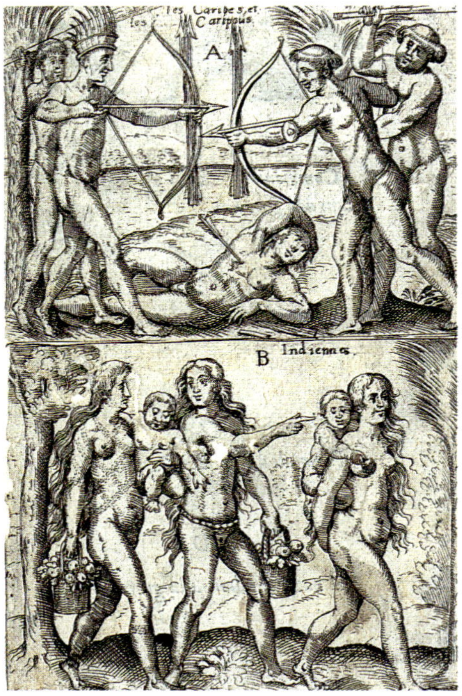

erwähnte, können sie uns in den Anfängen sehr nützlich sein.« Abgesehen von elementaren Nahrungsmitteln und Medikamenten bat er um Schuhwerk und Lederstücke für die Schuhmacherei, des Weiteren um Hemden, in einfacher und in besserer Ausführung, um Wamse, Webstoffe, Joppen, Strümpfe und Kleidertuch, zweihundert Harnische, hundert Armbrüste und reichlich Geschosse, fünfzig Stück Melasserohr aus Madeira und zehn Kisten Zucker; er brauchte Nachschub an Arbeitskräften für die Goldwäscherei und forderte Minenarbeiter aus Almaden an; außerdem benötigte er Lasttiere und Gerätschaften. Im allgemeinen Jubel des Aufbruchs hatte niemand bedacht, dass ein Siedlungsprojekt unter den gegebenen Umständen völlig neue Maßstäbe setzte und einen enormen Aufwand an Menschen und Material mobilisieren würde. Der Vergleich mit einem Raumfahrtprojekt unseres Jahrhunderts bietet sich an. Hispaniola war eine langfristige Investition, die einmal reiche Erträge abwerfen sollte, aber unter den gegebenen Umständen wirkten die Forderungen des Admirals maßlos übertrieben. In seinem Bestreben, den Königen Spaniens und der Katholischen Kirche zu Ruhm und Reichtum zu verhelfen, hatte er den Kostenfaktor außer Acht gelassen. Mittlerweile gab es auch kaum noch Freiwillige, die für Hispaniola anheuerten. So wurden ab 1497 Strafgefangene verpflichtet, denen man im Gegenzug die Strafe erließ.

Links:
Indios der Kariben. Der Autor vertritt die Auffassung der zwar kriegerischen, aber zivilisierten »edlen Wilden« Amerikas. Illustration in: *Géographie du Monde*. Artus Fonnant, 1633.

Rechte Seite:
Über die militärische Disziplin der Krieger in Outina. Diese Szene demonstriert die Kriegshandlungen der Indianer in Florida. Sie widerspricht der Auffassung vom edlen Wilden, die im Zeitalter der Aufklärung verbreitet war. Kolorierter Stich von Théodore de Bry nach Jacques Lemoyne de Morgues. Reise von Ribault und Laudonnière nach Florida (1562–1565). *Grands Voyages*, 1591.

UND DA FINGEN SIE AN, MICH ZU HASSEN

In Anbetracht der finanziellen Engpässe kam Kolumbus eine Idee, wie man die Instandhaltung und Weiterentwicklung der Kolonie finanzieren und sein Siedlungsprojekt trotz fehlender Bodenschätze einträglicher machen könnte: »Eure Hoheiten sollen erfahren, dass es für das Seelenheil der so genannten Kannibalen und der Eingeborenen dieser Insel am besten wäre, sie so weit wie möglich fortzuschaffen, was Euren Hoheiten gute Erträge bringen würde. (...) Die Geleitschiffe könnte man bezahlen, indem man ihnen einen Teil der Kannibalen als Sklaven überließe, denn diese Wilden sind von kräftigem Körperbau, und sie würden ihre üblen Sitten ablegen, sobald sie ihr Land verlassen hätten. Auf den mit Rudern versehenen Frachtschiffen, die wir hier bauen möchten, könnte man sie in größeren Mengen einfangen. (...) Und was die Sklaven betrifft, könnten Eure Hoheiten dafür bei der Ankunft einen Zoll erheben.«

Es waren mit Sicherheit weder moralische Erwägungen noch die Furcht davor, Anthropophagen nach Spanien zu holen, welche die Könige dazu veranlassten, den

Outinæ in bellum proficiſcentis militaris diſciplina. XIIII.

REGE Saturioua *ad bellum proficiſcente, ejus milites nullum ordinem ſervant, ſed ſparſi hinc inde diſcurrunt alij alios ſequentes. Contra ejus hoſtis* Holata Outina, *cujus jam memini, quod multorum* Regum Regem *ſignificat, longè eò potentior ſubditorum numero & divitijs, progreditur ſervatis ordinibus veluti inſtructa acie, ſolus in medio agmine conſiſtens, rubro colare pictus: agminis alæ ſive cornua ex adoleſcentibus conſtant, quorum maximè agiles, rubro etiam colore picti curſorum & exploratorum munere funguntur, ad hoſtium copias explorandas: nam horum veſtigia perinde naribus percipiunt, atque canis feræ alicujus, & cognitis hoſtium veſtigijs ſtatim ad exercitum ſignificatum recurrunt. Porro ut tubis & tympanis noſtri homines in exercitu utuntur ad ſignificandum quid facto opus ſit: ſic apud eos præcones ſunt, qui certis clamoribus indicant quando ſubſiſtendum aut progrediendum, hoſti obviam eundum, aut aliquod militare munus obeundum. Poſt Solis occaſum ſubſiſtunt, nec unquam pugnare ſolent. Caſtra autem ponere volentes per decurias diſtribuuntur, maximè ſtrenuos ab alijs ſegregantes: delecto à Rege Caſtrorum loco in agris vel ſyluis ad noctem traducendam, & illo jam cœnato & ſolo ſedente, caſtrorum metatores decem ſtrenuiorum decurias in orbem circum Regem collocant: circiter decem inde paſſus aliæ viginti decuriæ etiam in orbem eos claudunt: viginti verò ab illis paſſus, aliæ quadraginta decuriæ collocantur, & ita deinceps decuriarum & paſſuum numerum augendo pro exercitus copia & magnitudine.*

Vorschlag zu verwerfen; denn der Sklavenhandel sollte sich alsbald in der Neuen Welt zu einem äußerst lukrativen Wirtschaftszweig entwickeln. Vielmehr waren sich die Könige zu diesem Zeitpunkt noch nicht über den Status dieser Untertanen im Klaren, ob man sie als Sklaven oder als Leibeigene betrachten sollte. Außerdem stand noch nicht fest, ob ihre Arbeitskraft an Ort und Stelle nicht nützlicher wäre. Dementsprechend lapidar fiel die königliche Antwort aus: »Die Entscheidung in dieser Angelegenheit wird bis auf Weiteres verschoben. Wir erwarten neue Vorschläge. Der Admiral möge uns auf dem Laufenden halten.« Las Casas wurde Augenzeuge einer Szene, die sich 1499 im Hafen von Cadiz abspielte. Dort traf gerade eine Flotte aus Westindien ein. Als die Edelleute die mitgebrachten Sklaven, die sie schon als ihr Eigentum betrachteten, unter sich aufteilen wollten, war die Königin so erzürnt darüber, dass sie befahl, die Indios mit dem nächsten Schiff wieder nach Hispaniola zurückzuschicken.

Im September 1494 kehrte Kolumbus von einer Erkundungsfahrt über Kuba, Jamaika bis zur Südküste der Dominikanischen Republik nach Isabella zurück. Die Lage auf der Insel war hochexplosiv. Seine Brüder Diego und vor allem Bartolomeu, der zum Gouverneur (*Adelantado*) erhoben worden war, konnten die offene Rebellion nur gewaltsam verhindern. Von ihrer maßlosen Gier nach Frauen und

Wie das Gold aus den Bächen der Apalacty herausgewaschen wird. Diese Goldwäscher am Fuß der Appalachen werden zum Sinnbild dessen, was sich die Entdecker Amerikas erhofften. Mit einem Anflug von Neid fügt der Autor hinzu: »Die Spanier verstanden es, sich die Reichtümer dieses Landstrichs anzueignen.« Kolorierter Stich von Théodore de Bry nach Jacques Lemoyne de Morgues. Reise von Ribault und Laudonnière nach Florida (1562–1565). *Grands Voyages,* 1591.

Trophäen und Zeremonien, um die Niederlage des Feindes zu feiern. Stich von Théodore de Bry nach Jacques Lemoyne de Morgues. Reise von Ribault und Laudonnière nach Florida (1562–1565). *Grands Voyages*, 1591.

Gold verblendet, hatten sich die Spanier den Unmut der Arawak-Indianer zugezogen. Eine Welle der Grausamkeiten, Beleidigungen, Zwangsarbeit, Deportationen, Sklaverei, Ermordungen, Hinrichtungen, Massaker, Scharmützel und Kriege erfasste die Neue Welt. Der Tribut, den die Indianer in Form von Gold an den Admiral zu entrichten hatten, störte ihr ökonomisches Gleichgewicht. Sie selbst hatten sich mit den wertlosen Goldkörnchen, die sie wie Perlmutt oder Papageienfedern mit der Hand auflesen konnten, begnügt. Als diese Vorräte erschöpft waren, mussten sie sich als Goldgräber verdingen, um den Tribut entrichten zu können.

Darüber vernachlässigten sie ihre eigenen Kulturen. Binnen zweier Jahre war die indianische Bevölkerung der Insel um zwei Drittel dezimiert. Der Prozess, den Las Casas als die »Verwüstung Indiens« bezeichnete, hatte begonnen. In Spanien, wo sich die Wogen der Euphorie unterdessen gelegt hatten, kamen den Katholischen Königen allmählich Zweifel an dem Nutzen ihrer Kolonie. Eines Tages traf Juan Aguado in Isabella ein, um auf Weisung des spanischen Königs die Lage auf der Insel zu untersuchen. Kolumbus begriff, dass er in höchster Gefahr war. Er musste dringend nach Spanien zurückkehren, wenn er seinen Kopf und sein Werk retten wollte. Im Juni 1496 ging er in Cadiz von Bord. Da die Könige zu diesem Zeitpunkt mit ihren dynastischen Verbindungen zu den Niederlanden und den

Erlauchteste Fürsten, als ich hierher kam, nahm ich viele Männer zur Eroberung dieser Gebiete mit. Alle hatten sich mir dringlich angeboten und mir versichert, mir mit großem Eifer und besser als jeder andere dienen zu wollen. Aber, wie sich in der Folge zeigen sollte, hatten sie in Wirklichkeit andere Absichten. Sie sind nur mitgekommen, um sich zu bereichern, in der Meinung, das Gold, von dem es hieß, dass es sich hier vorfinde, sei mit vollen Händen zu schöpfen, und die Gewürze lägen hier schon geerntet und gesammelt an der Küste, man brauche nichts anderes zu tun, als alles auf die Schiffe zu verladen. So sehr hatten sie sich durch ihre Gier verblenden lassen. Sie wollten nicht glauben, dass sich das Gold, das zwar vorhanden ist, ebenso wie die anderen Metalle, in den Minen befindet und die Gewürze noch auf den Pflanzen und dass das Gold zuerst gewonnen, die Gewürze erst geerntet und zubereitet werden müssen. Alles das hatte ich in Sevilla öffentlich bekannt gegeben. Da die Leute, die mich begleiten wollten, sehr zahlreich waren und ich ihre wahren Absichten ahnte, hatte ich ihnen all das sagen lassen. Ich hatte ihnen deutlich vor Augen halten lassen, auf welche Mühen sich jene gefasst machen müssen, die sich in neue, ferne Länder begeben; sie hatten mir darauf geantwortet, sie seien zu jeder Mühe bereit und wollten sich bei solchen Unternehmungen Ehre erwerben. Nachdem sie jedoch hier angekommen waren und sahen, dass ich die Wahrheit gesagt hatte und dass sich ihre Gier nicht sättigen konnte, wollten sie unverzüglich nach Spanien zurückkehren, denn in Wirklichkeit waren sie von Gefühlen beseelt, die den von ihnen zur Schau getragenen entgegengesetzt waren. Sie bedachten aber nicht, dass sie es auf solche Weise unmöglich machten, das Land zu erobern und zu beherrschen. Da ich mich der Ausführung Absicht widersetzte, begannen sie mich zu hassen ...

Christoph Kolumbus.
Brief an die Katholischen Könige, Mai 1499.

Hintergrund-Illustration: Felsküste bei stürmischer See. Feder, Tusche und Schwarze Kreide. Mathieu Bril (1550–1583).

kriegerischen Auseinandersetzungen in Italien anderweitig ausgelastet waren, konnte sich der Admiral abermals Gehör verschaffen und seinen angeschlagenen Ruf wiederherstellen. Im Mai 1498 brach er zu seiner dritten Reise auf, nachdem ihm Isabella von Kastilien, seine Gönnerin, seine Privilegien zurückgegeben und ihn rehabilitiert hatte. Dass der Admiral der Meere nach und nach in Ungnade fiel, zeigte sich allerdings schon seit der Entdeckung der Orinoco-Mündung, da man damals die Besitzergreifung für Spanien durch eine andere Expedition vollziehen ließ. Bei Kolumbus' Rückkehr in Hispaniola befand sich die Insel in offener Rebellion gegen ihn, nachdem man etwas voreilig verkündet hatte, er sei bei den Königen in Ungnade gefallen. Der Rädelsführer war der oberste Alkalde (Oberbürgermeister) Francisco Roldán, ein ehemaliger Vertrauter des Admirals. Kolumbus versuchte, die Lage durch Landschenkungen zu entspannen, aber der Erfolg war nicht von Dauer.

Gekränkt und zutiefst verletzt schrieb Kolumbus einen weiteren Brief an die Katholischen Könige. Diesmal ging er in die Offensive, weil er sein Lebenswerk gefährdet sah. Möglicherweise suchte er auf diese Weise sein Gewissen zu erleichtern, weil der Prozess, den er mit seinen leichtfertigen Versprechungen und Flunkereien in Gang gesetzt hatte, nun nicht mehr aufzuhalten war.

DER STURM

Am 23. August des Jahres 1500 traf Kommandant Francisco de Bobadilla im Hafen von Santo Domingo ein, um auf Geheiß seiner Könige die Ordnung auf der Insel herzustellen. Die Nachricht kam wie ein Donnerschlag. Der Gründervater von Hispaniola fand keine Worte mehr. Das Urteil war vernichtend.

»Am zweiten Tag nach seiner Ankunft rief sich Bobadilla zum Statthalter aus, ernannte öffentliche Beamte, erteilte Befehle, verkündete Steuernachlässe sowohl für das Gold wie für die Zehnten und alle anderen Dinge, für einen Zeitraum von zwanzig Jahren, was, wie ich sagte, ein Menschenalter ist. Er verkündete, er sei gekommen, um alle auszuzahlen, obwohl nicht alle bis zu jenem Tag ihre vollen Dienste geleistet hatten; er streute aus, er habe den Auftrag, mich und meine Brüder in Ketten zu legen und nach Kastilien zu senden, was er dann auch tat. Er sagte, weder ich noch andere Mitglieder meiner Familie würden jemals dorthin zurückkehren, und noch tausend ehrlose und gemeine Dinge mehr. All das geschah, wie gesagt, am zweiten Tag seiner Ankunft, während ich fern war und von seinem Kommen keine Kenntnis hatte. Er hatte Vollmachten Ihrer Hoheiten bei sich, von denen er einige ausfüllte und an Roldán sandte, indem er ihm und seiner Gesellschaft Zugeständnisse machte und Höflichkeiten erwies. An mich sandte er weder einen Brief noch einen Boten, und auf solche Weise hat er sich bis zum heutigen Tag betragen.

Möge sich Ihro Gnaden überlegen, was ein anderer an meiner Stelle gedacht hätte! Jene, die Ihre Hoheiten Ihres Reiches berauben wollten und so viel Böses und Schlimmes taten, werden geehrt und begünstigt, und derjenige, der unter Mühen und Gefahren die Herrschaft aufrecht erhielt, wird entmachtet!

Seña de las ormigas al Sur.
Señas delas ormigas al Sueste.
Pto de Ancon de Rodas
R. de Caraballo
Farallon de Dª Franca
Los Pescadores.
Las Ormigas con la Ysª del Callao estan Lesueste oesnorueste a Siette leguas.

Lima.
Peña horadada.
Y.a del Callao al Sur.

Links:
Titelkupfer für die Handschrift: *Relation de Voyage de la Mer du Sud aux côtes du Chili et du Pérou en 1712, 1713, 1714.* Amédée Frézier (1715).

Rechte Seite:
Zeremonielle Haartracht von Vanuatu. Zwischen dem Indonesien der Holländer des 17. Jahrhunderts und der pazifischen Inselwelt des 18. Jahrhunderts bildete Melanesien eine der letzten Regionen, deren Geheimnis es noch zu lüften galt. Die Maoris besiedelten sie ein Jahrtausend vor unserer Zeitrechnung im Verlauf der großen Migrationen. Die Kultur der Melanesen, die noch im 20. Jahrhundert einen rituellen Kannibalismus praktizierten, gilt dennoch als eine der schöpferischsten der Welt.

Im 17. Jahrhundert setzten die Holländer die Suche nach dem Südland von Java aus fort. Sie entdeckten den Norden Australiens, Tasmanien und Neuseeland, konnten das Puzzle der Erde aber nicht zusammenfügen. Hollandia Nova (Neuholland) wurde am Ende des Jahrhunderts immer noch als Teil einer unbekannten Landmasse betrachtet, die jedoch nicht die *Terra australis* sein konnte.

1722 argumentierte der holländische Seefahrer Jacob Roggeven, dass sich dieses Land, sofern es überhaupt vorhanden war, in direkter Nachbarschaft zum Südpol befinden müsse und daher nicht bewohnbar sei. Zu derselben Ansicht gelangte der französische Ingenieur Amédée Frézier, nachdem er in der Umgebung von Feuerland bis an die Randbereiche des Eismeers vorgedrungen war. Aber das alles zählte nicht. Man beharrte darauf, dass ein Franzose namens Paulmier de Gonneville aus Honfleur Anfang des 16. Jahrhunderts im Indischen Ozean eine Landmasse gefunden hatte, bei der es sich um den südlichen Kontinent handeln müsse. Inzwischen wird angenommen, dass er an der Küste Brasiliens gelandet war.

Im Dunstkreis der französischen Indischen Kompanie stachen weitere Expeditionen in See, um das Südindien Gonnevilles zu erkunden. Der Kaufmann Jean-Baptiste Bouvet de Lozier erhielt den Auftrag, dort nach einem geeigneten Ankerplatz für die Handelsschiffe zu suchen und freundschaftliche Beziehungen zu den Einheimischen aufzubauen. Ein felsiges Vorgebirge, das auf 54° südlicher Breite aus dem Nebel auftauchte, schien einen unwirtlichen Kontinent anzukündigen. »Am 1. Januar 1739, gegen drei Uhr nachmittags, sichteten wir einen schneebedeckten steilen Felsen, der in nebligen Dunst gehüllt war. Er sah wie ein Vorgebirge aus, und so gaben wir ihm den Namen Kap der Beschneidung.« Die Bouvet-Insel blieb jedoch die einzige Landmasse, die der Südatlantik zu bieten hatte. Die Enttäuschung war groß, und Bouvet de Lozier wurde als unfähig hingestellt. Schließlich zeichnete der Kartograph Philippe Buache 1744 nach den Angaben der Seefahrer eine Karte vom Südpolarmeer, die mit alten Utopien aufräumte und den australischen Kontinent in seinen realen Abmessungen zeigte. Mit diesem Neuholland (Australien) verband er die Vorstellung der einzigen bewohnbaren Landmasse im Südmeer.

Der Fehlschlag Bouvet de Loziers dämpfte den Entdeckerdrang; die Suche nach der sagenhaften *Terra australis incognita* wurde für die nächsten dreißig Jahre zurückgestellt. Aber das schürte nur die Lust der Fabulierer, und die Artikel des Naturforschers Buffon, des Geographen Charles de Brosses und seines schottischen Kollegen Alexander Dalrymple nährten die Legende. So argumentierte 1752

Unten:
Titelblatt für: *Relation d'un voyage dans la Mer du Nord (...) fait en 1767 et 1768* (...) von Yves de Kerguelen de Trémarec (1771), Kommandant der Corvetten *Folle* und *Hirondelle*.

der Physiker Pierre-Louis de Maupertuis im Brustton der Überzeugung: »Jedermann weiß, dass sich auf der südlichen Hälfte der Erdkugel ein weißer Fleck befindet, der mit einem unbekannten Erdteil, größer als die vier anderen, bedeckt ist. Südlich von Afrika befinden sich Länder, die dem Äquator noch näher sind und unter deren klimatischen Bedingungen die Natur sich in all ihrem Reichtum entfalten kann.«

In den 1770ern führten die Franzosen eine Reihe von Erkundungsfahrten zum Südpolarmeer durch, die jedoch wegen der schlechten Vorbereitung tragisch endeten. Allein die Entdeckung der Marion-Insel und der Crozet-Inseln forderte Hunderte von Menschenleben. Neunzehn Männer, darunter Schiffskapitän Marc Joseph Marion-Dufresne, wurden Opfer kannibalischer Maoris in Neuseeland. Von Possession Island, der heutigen Crozet-Insel, schrieb Jules-Marie Crozet: »Auf der ganzen Insel konnte ich keinen einzigen Baum oder Strauch entdecken. Über das ganze Jahr hinweg wüten dort Stürme von Westen her, so dass die Insel wahrscheinlich nicht besiedelt werden kann.«

DER TRAUM VON EINEM FRANZÖSISCHEN NORDLAND

Schließlich übertrug König Ludwig XV. von Frankreich dem Marineoffizier und Hydrographen Sieur Yves Joseph de Kerguelen de Trémarec eine Expedition zur Erkundung jenes Südindiens des Sieur de Gonneville. »Die Entdeckung der *Terra australis* ist von größter Wichtigkeit für die Schifffahrt, den Handel und die politische Macht.« Keine andere Expedition in der Geschichte der Entdeckungen war je so umstritten und unübersichtlich wie diese.

»Sieur Kergeulen wurde über den Hauptzweck seiner Mission unterrichtet. Im Vertrauen auf seine Kenntnisse, seine Fähigkeiten, seinen Eifer und seine Tatkraft überträgt ihm Ihre Majestät eine Entdeckungsreise von größter Wichtigkeit. Sieur Kerguelen ist bekannt, dass im Süden der Inseln Saint-Paul und Amsterdam allem Anschein nach ein sehr großer Kontinent existiert, der sich von 45° südlicher Breite bis zum Südpol ausdehnt und in den noch niemand vorgedrungen ist. Dennoch gilt es als gesichert, dass im Jahr 1504 Sieur de Gonneville dort an Land ging, sich fast sechs Monate dort aufhielt und von den Einheimischen sehr freundlich aufgenommen wurde. Er soll von der Île de France (Mauritius) mit der ihm anvertrauten Corvette in See stechen und Kurs auf diese Landmasse nehmen. Er soll sich nach besten Kräften bemühen, dieses Land zu entdecken und davon Besitz zu ergreifen. Wenn er es entdeckt, soll er

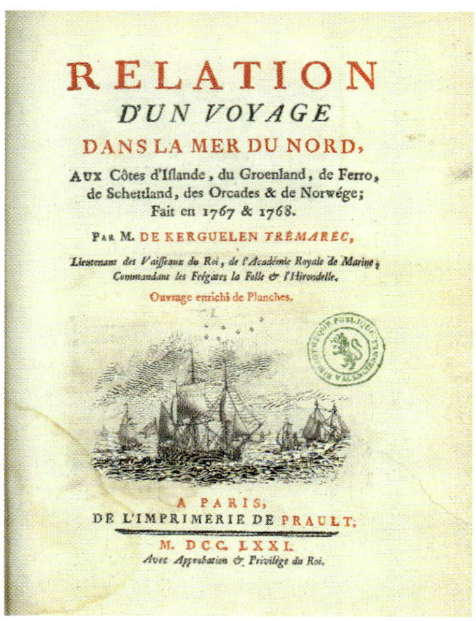
RELATION
D'UN VOYAGE
DANS LA MER DU NORD,
AUX Côtes d'Islande, du Groenland, de Ferro, de Schettland, des Orcades & de Norwége;
Fait en 1767 & 1768.
PAR M. DE KERGUELEN TRÊMAREC,
Lieutenant des Vaisseaux du Roi, de l'Académie Royale de Marine; Commandant les Frégates la Folle & l'Hirondelle.
Ouvrage enrichi de Planches.
A PARIS,
DE L'IMPRIMERIE DE PRAULT.
M. DCC. LXXI.
Avec Approbation & Privilége du Roi.

VUE TIRÉE DU POINT A. depuis le Cap St.Louis jusqu'au Cap d'Aiguillon
BAYE DE L'OISEAU,
Levée par Mr.de Rochegude et la Tillays.
Echelle de 600 Toises.
300
600
VUE DE L'ISLE ROLAND au S.E.¼ S.
Distance de 7 Lieues
VUE DU POINT C.
depuis le Cap St.Louis jusqu'à la Baye du Lionmarin.
66
49
50
120 Brasses sable fin gris picoté de noir
122 Brasses Sable gris et Vasard
110 Brasses sable vasard
110 Brasses Sable gris et noir
95 Brasses sable vasard
Glaces Echouée sur des Rochers
110 Brasses Sable vasard
I.de Bunion
I.de Croy
Roland
I.de Clugny
Cap d'Aiguillon
Cap Maillé
R.de Benodet
R.de Chastel
Baye Quiberon
Cap St.Louis
Cap Bourbon
Baye du Lion-marin où le Capitaine Cook mouilla en 1776
Baye de la Fortune
I.de la Fortune
Mingand
I.de Tremarec
I.Solitaire
Baye de Chimay

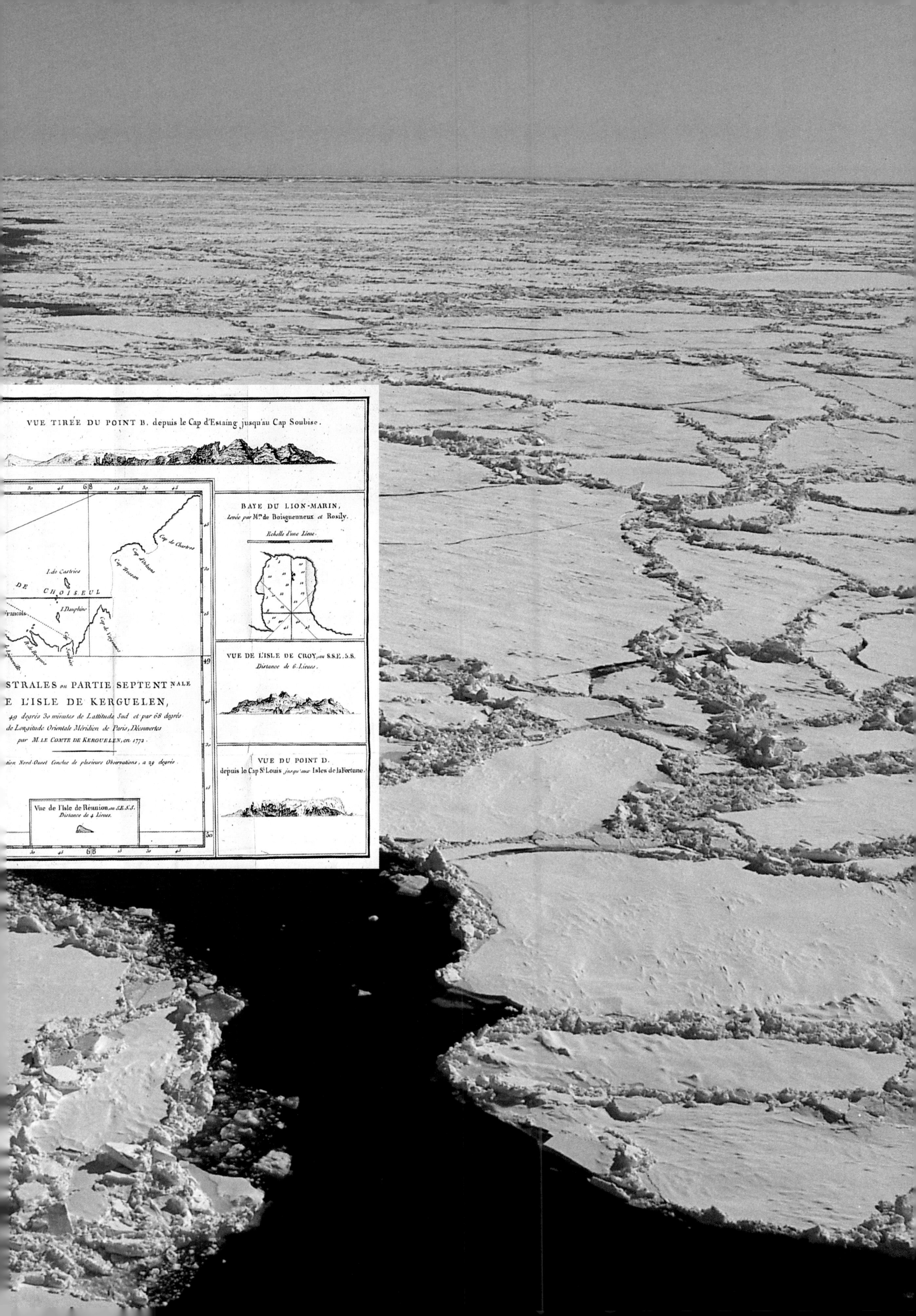
VUE TIRÉE DU POINT B. depuis le Cap d'Estaing jusqu'au Cap Soubise.
BAYE DU LION-MARIN,
Levée par Mrs de Boisguenneux et Rosily.
Echelle d'une Lieue.
VUE DE L'ISLE DE CROY, au S.S.E. S.S.
Distance de 6. Lieues.
VUE DU POINT D.
depuis le Cap St Louis jusqu'aux Isles de la Fortune.
Cap de Chartres
I. de Castries
DE CHOISEUL
I. Dauphine
STRALES ou PARTIE SEPTENT NALE
E L'ISLE DE KERGUELEN,
49 degrés 30 minutes de Lattitude Sud et par 68 degrés
de Longitude Orientale Méridien de Paris, Découvertes
par M. LE COMTE DE KERGUELEN, en 1772.
Vue de l'Isle de Réunion au S.E.S.S.
Distance de 4 Lieues.

Vorhergehende Doppelseite: Karten und Ansicht der »Terres australes« und des nördlichen Teils der Insel, an der Kerguelen anzulegen versuchte.

Links:
Die Ostküste der Schouten-Inseln, Van-Diemen's-Land (Tasmanien). Stich von Fortier nach einer Zeichnung von Charles-Alexandre Lesueur (1778–1846), Schiffszeichner von Nicolas Baudin, 1807. In: *Voyage à la découverte des Terres australes* (1800–1804).

Rechte Seite:
Seelöwe an der Magellanstraße. Mit Malouin Jacques Gouin de Beauchesne, der für die »Compagnie de la mer du Sud« mit Unterstützung des Marineministeriums von 1698–1701 durch die Magellanstraße nach Peru segelte, stießen die ersten französischen Handelsschiffe in den Pazifik vor. Handschriftliches Reisetagebuch von Duplessis, Ingenieur und Kartograph von Beauchesne an Bord der *Maurepas*.

sein »französisches Nordland« anzusteuern. Er hatte unmissverständliche Instruktionen: »Er hat die Aufgabe, nach einem gut geeigneten Standort für die Anlage einer Siedlung zu forschen und diese zu gründen, wenn er es für angemessen hält.« Über den Verlauf dieser Reise berichtet das *Journal d'Amsterdam*, das am 4. November 1774 begonnen wurde. »9. Januar. Recht schönes Wetter; schon am frühen Morgen suchten wir nach einer geeigneten Stelle, um Anker zu werfen; um acht Uhr kam ein furchtbarer Sturm auf, so dass wir die Segel einholen mussten. Außerdem brach ein Schneesturm über die Schiffe herein; ein paar Matrosen von der *Roland*, die das Segel reffen sollten, waren starr vor Kälte und bewusstlos und mussten mit Tauen heruntergeholt werden. Um die Mittagszeit fiel das Thermometer auf 2° unter Null. Dann kamen weitere Unwetter. Am 18. Januar hatten wir hundertfünfzig Kranke an Bord, und die anderen Männer waren völlig entkräftet. Sieur de Kerguelen versammelte die Offiziere, um sich mit ihnen zu beraten, und es wurde beschlossen, den nächsten Hafen anzusteuern. Sie nahmen Kurs auf Madagaskar, weil es dort Schlachtvieh gibt und auch sonst alles Mögliche, was Skorbutkranken gut tut. Nach Ablauf eines Monats hatte sich die Besatzung so weit erholt, dass wir unter Segel gehen konnten, um das Kap anzusteuern. Dort legten wir eine Zwischenlandung ein, um unsere Vorräte aufzufüllen, und am 26. Juni trat Sieur de Kerguelen die Rückreise an. Am 7. September traf er in Frankreich ein.«

Im Verlauf der Umschiffung des Kaps schrieb der untröstliche Kerguelen einen Brief an den Minister der französischen Marine und der Kolonien: »Offensichtlich haben diese von uns im Südmeer ausgekundschafteten Länder keine natürlichen Reichtümer zu bieten. Manche davon liegen unter einer fast geschlossenen Schneedecke. Nur Seebären, Pinguine und andere Seevögel sind zu sehen. Wir konnten keine Anzeichen von menschlichen Siedlungen finden, und in Anbetracht der unerträglichen Kälte und des durchgehend stürmischen Wetters ist es auch nicht denkbar,

1699
Dessein despece d'oijes que nous avons trouves a Springbaije
des Laques deau Sallée les quelles Sont grosses comme
Signes

dass dieses Land bevölkert ist.« Kerguelens Stunde hatte geschlagen; er kam vor ein Kriegsgericht. Er hatte den nationalen Traum von der »France australe« zerstört, und das war unverzeihlich. Er wurde zu sechs Jahren Festungshaft verurteilt.

Im Jahr 1773 stieß James Cook im Verlauf seiner zweiten Reise an Bord der HMS *Adventure* und der HMS *Resolution* dreimal in den südlichen Polarkreis vor. Am 30. Januar gelangte er auf 71°11' südlicher Breite erstmals an die Grenze eines weitläufigen Eisfeldes. Seine Aufzeichnungen setzten den Schlusspunkt unter die Kontroverse: »Ich kann nicht behaupten, dass es unmöglich wäre, noch weiter südwärts vorzustoßen; allein der Versuch wäre mit so großen Gefahren verbunden, und ich bin sicher, dass ein anderer an meiner Stelle ebenfalls verzichtet hätte. Nach meiner Ansicht, die von der Mehrheit meiner Offiziere bestätigt wird, müssen diese Eismassen mit dem Pol oder mit einer anderen Landmasse verbunden sein, und sie sind mit Sicherheit schon seit Urzeiten dort. (...) Als wir uns dem Eis näherten, vernahmen wir die Schreie der Pinguine, ohne sie zu sehen. Wir erblickten ein paar Vögel, was man als das Anzeichen von Landnähe deuten kann. Wenn ich es für möglich halte, dass sich weiter südlich jenseits dieser Eismassen noch Land befindet, dann böte es den Vögeln und sonstigen Tieren, die dort leben, als Unterschlupf nichts als dieses anscheinend allgegenwärtige Eis. (...) Ich leugne nicht, dass es einen Kontinent oder eine ausgedehnte Landmasse in Polnähe geben kann; ich glaube daran, und vielleicht haben wir einen Teil davon entdeckt.«

EIN SCHLAG INS WASSER: KAP HOORN

Die erste Umrundung von Kap Hoorn erfolgte am 29. Januar 1616 durch Jacob Le Maire, der von Hugenotten in Antwerpen abstammte, und Willem Corneliszoon Schouten. Aris Claes, als Vertreter des Schiffseigentümers für kaufmännische Angelegenheiten zuständig, hat über diese Expedition, deren Sinn und Zweck allein darin bestand, das Handelsmonopol der Holländischen Ostindischen Kompanie zu brechen, mit nüchternen Worten Bericht erstattet. Nur die holländischen Fleutschiffe hatten damals das Recht, das Kap der Guten Hoffnung nach Osten hin zu überqueren oder die Südsee von Westen her über die Magellanstraße anzusteuern.

Ausgerüstet wurden die *Eendracht* und das Fleutschiff *Hoorn* von der »Australischen Gesellschaft«, die zu diesem Zweck von den Familien und weiteren Aktionären gegründet worden war. Am 25. Mai 1615 setzten sie Segel in Hoorn in der Zuidersee auf der Suche nach Magallanica, jenen südlichen Landen, die auf den Karten des Petrus Plancius reichlich Platz einnahmen, und dem »Ophir« der Salomonen, nach dem die Spanier seit einem halben Jahrhundert suchten. Dass sie die Molukken ansteuern wollten, verstand sich von selbst.

Zwei Königspinguine an der Magellanstraße. Aus dem handschriftlichen Reisetagebuch von Duplessis, Ingenieur und Kartograph von Beauchesne an Bord der *Maurepas*.

Wilde in der Magellanstraße. »Nackt, wie der Allmächtige sie erschaffen, tauchten die Frauen sogleich mit bewundernswertem Geschick fünf bis sechs Faden tief unter Wasser. (...) Dabei kreuzten sie schamhaft die Beine, sodass wir trotz ihrer Entblößung nichts Anstößiges an ihnen sehen konnten.« Handschriftliches Reisetagebuch von Duplessis, Ingenieur und Kartograph von Beauchesne an Bord der *Maurepas*. September 1699.

Nächste Doppelseite: *Die* Eendracht *verlässt das IJsselmeer*. 14. Juni 1615. Gemälde von Aert Anthonisz, 1618.

Sie folgten der Magellanstraße. Als die *Hoorn* in Patagonien überholt werden sollte, brannte sie durch ein Versehen ab, und die beiden Besatzungen mussten die lange Weiterreise zusammengepfercht auf der *Eendracht* fortsetzen. »Am Abend des 29. erblickten wir im Nordwesten und Nord-Nordwesten abermals Land. Es befand sich südlich der Magellanstraße, hoch aufragend, gebirgig, schneebedeckt, und auf 57°48' südlicher Breite in einer sehr spitzen Landzunge endend. Wir gaben ihr den Namen Kap Hoorn. Das Wetter war schön, aber abends drehte der Wind nach Norden; wir nahmen Kurs auf Westen und trafen auf eine schwere Dünung. Am 30. hatten wir noch eine lange, von Westen heranrollende Dünung, in einem nach wie vor blauen Meer. All dies bestärkte uns in unserer Meinung, eine neue Durchfahrt in die Südsee gefunden zu haben. (...) Diese andauernd lange, schwere Dünung in Verbindung mit dieser Bläue des Meeres bestätigte unseren Verdacht, dass wir keine Küste vor uns hatten, sondern nur die unendliche Weite des Meeres.«

Einige Tage später brach mit einer solchen Gewalt ein Schneesturm über sie herein, dass die Segel eingeholt werden mussten. »Das Schiff schaukelte mit eingeholten Segeln auf den Wellen. (...) Am 12. Februar erhielt die Besatzung zur Feier des Tages die dreifache Weinration: Unser Ziel war erreicht; wir hatten eine neue Durchfahrt entdeckt und sie durchquert.«

Links:
Fort Utrecht an der Küste von Java an der Bali-Straße. Unter den Booten der Indonesier befindet sich ein Katamaran, dessen Geschwindigkeit die Europäer verblüffte. »Katamaran« ist das Wort der Tamilen für Boote aus zwei starr miteinander verbundenen Einbäumen. Gemälde von Thomas Baines (1822–1875).

Unten:
Tiere der Galapagos-Inseln. Vor allem die Schildkröten fanden großen Anklang unter dem Gefolge von Gouin de Beauchesne: »Ihr Fleisch ist vorzüglich und noch feiner als das vom Kalbe.« Handschriftliches Reisetagebuch von Duplessis, Ingenieur und Kartograph von Beauchesne an Bord der *Maurepas* (1698–1701).

An diesem Tag wurde der Meeresarm zwischen Feuerland und der Insel Los Estados nördöstlich von Kap Hoorn »Straße von Le Maire« getauft.

Zwei Monate später ließ der Gouverneur von Djakarta, dem späteren Batavia, Hauptstadt der holländisch-ostindischen Kolonien, das Schiff beschlagnahmen und die Besatzung nach Holland zurückbringen, um sie in Amsterdam vor Gericht stellen zu lassen. Obwohl die »Australische Gesellschaft« unumstritten in vollem Recht gehandelt hatte, konnte die mächtige Holländische Ostindische Kompanie den Prozess ein Vierteljahrhundert lang verschleppen. Einem kleinen unbekannten Hafen an der Zuidersee verschaffte das Unternehmen jedoch immerhin die Ehre, der wohl berühmtesten Landspitze der Welt seinen Namen geliehen zu haben.

Ein Seefahrer und Abenteurer unserer Tage, Guy Bernardin, erzählte von einer Zufallsbekanntschaft auf dem Meer. In einer sternenklaren Nacht, als er Kap Hoorn umschiffte, sah er das Licht eines Frachters in der tosenden See. Er funkte den anderen an. Eine erschöpfte Stimme meldete sich: »Yo tengo sueño« (Ich bin müde). Ausgerechnet in dem Augenblick, da er das legendäre Kap umrundete. Durch diesen Satz wurde der Seemann eins mit den unzähligen anonymen Seeleuten, die von der Geschichte vergessen waren, und deren so banale wie einzigartige Lebenslinie sich in dieser Nacht fortsetzte.

Zwietracht

frantiſquo
Roiz

Vorhergehende Doppelseite:
Ein Häuptling von den Sandwich-Inseln. Ausschnitt eines Gemäldes von John Webber, Schiffsmaler und -zeichner von James Cook auf seiner dritten Reise (1787).

Linke Seite:
Roteiro von Francisco de Roís, Lotse unter António de Miranda Azevedo, der im Zeitraum von 1513–1516 portugiesische Siedler auf die Molukken brachte.

Rechts:
Frauen der Molukken mit Gewürznelkenstrauch. Die Gewürznelke *(Eugenia aromatica)* wuchs ausschließlich auf den Molukken, zu denen die Vulkaninseln Tidore und Ternate gehören. *Géographie du Monde.* Artus Fonnant, 1633.

Im Verlauf ihrer Entdeckungsreisen stießen die Europäer auf fremde Völker, die sie als wild bezeichneten, weil sie in einer unberührten Natur zu Hause waren, die in krassem Gegensatz zu den kultivierten Parks, Gärten und Feldern Europas stand. Diese ersten Kontakte führten zu zahlreichen Missverständnissen. Die Botschafter der abendländischen Welt suchten die Lebensweise, Religion, Sitten und Bräuche der fremden Kulturkreise an ihren eigenen Vorstellungen zu messen, während die Eingeborenen diesen so merkwürdig ausstaffierten Fremden, die trotz ihrer Furcht erregenden Feuerwaffen ziemlich schwächlich wirkten, anfangs eher Verwunderung als Angst entgegenbrachten. Die Verständigungsprobleme zwischen den beiden Lagern sorgten zwar manchmal für amüsante Situationen, aber meistens waren die Folgen fatal.

Die Molukken, direkt am Äquator in der Banda-See, im Westen von Borneo und Celebes und im Osten von Neuguinea begrenzt, bilden die sichtbaren Spitzen untermeerischer Gebirgsketten, die sich an dieser Stelle infolge der gewaltigen Spannungen in der Erdkruste nach und nach aufbauen konnten. Diese Inseln sind mit natürlichen Reichtümern gesegnet, die das Begehren der europäischen Entdecker weckten: Die schwarzen Perlen der Aru-Inseln, von den Perlenfischern unter Einsatz ihres Lebens aus den haifischreichen Gewässern heraufgeholt, die Federn der Kasuare, wie sie die Paradiesvögel dort nennen, und die prächtigen Schmetterlinge bildeten nur den Bruchteil dieses unermesslichen Reichtums. Auf den Banda-Inseln im Süden des Inselbogens hatte sich der kostbare *Myristica fragrans*, ein Strauch aus der Gattung der Muskatnussgewächse, in der Nachbarschaft des Vulkans Gunung-Api angesiedelt, um sich in diesem Treibhausklima auf dem fruchtbaren, lockeren Vulkangestein zu entfalten. Nur dort und nirgends sonst auf der Welt wuchs die Muskatnuss. Aber das war noch nicht alles. Auf den Inseln Ternate, Tidore, Motir, Makian und Bacan in der Nähe von Halmahera, der größten Insel des Archipels, wuchs an den Hängen des Gunung Gamalama und des Gunung Kiembatu die *Eugenia aromatica,* der Gewürznelkenbaum, der weltweit nicht seinesgleichen findet. Erstaunlicherweise findet sich in dem Namen des Vulkans eine lautmalerische Verwandtschaft mit dem bretonischen Wort für Donner, *gurun*.

Die Geschichte der Gewürze folgte den verschlungenen Pfaden der Karawanen und Kreuzzüge, von Moden und Aberglauben. Von jeher bedienten sich die Menschen natürlicher aromatischer Essenzen, um zu ihren Göttern Kontakt aufzunehmen. Kräuter und Gewürze boten Schutz vor Krankheiten, die sich

im Sumpf der Städte leicht zu Epidemien ausweiten konnten. Schon die Römer zahlten hohe Preise für tropische Gewürze, und der Gewürzhandel blieb ein lukratives Geschäft. Zwar konnte sich das portugiesische Unterfangen der Welterkundung ausreichend durch noble religiöse Motive rechtfertigen, aber die Aussicht, zu den Schatzkammern des Orients vorzudringen, war ein durchaus willkommener Ansporn, die immensen Kosten dieser so zeitraubenden wie strapaziösen Umschiffung der Südspitze Afrikas aufzubringen.

Asien hin oder her, die von Kolumbus entdeckten Inseln hatten mit diesen Gewürzinseln offensichtlich nichts zu tun. Noch bevor sie entdeckt wurden, stellte sich bereits die Frage, wem sie gehören sollten. Spanien oder Portugal? Mit dem Segen des Heiligen Stuhls hatten die beiden Kronen die Welt im Vertrag von Tordesillas brüderlich untereinander aufgeteilt, aber wie sollten sie es anstellen, die Besitzverhältnisse bei den Antipoden zu klären, wenn sie es nicht einmal im Atlantik fertig brachten? Über die Ausdehnung der Erde war man sich noch nicht im Klaren, und kein Mensch hatte es je gewagt, die unerforschten Meere zwischen dem China Marco Polos und dem von Kolumbus entdeckten Kontinent zu durchfahren. Sicher war nur, dass die Molukken östlich der Demarkationslinie lagen. Amerika indes, das sich vom hohen Norden bis in den tiefen Süden erstreckte, bildete eine Barriere, die den Westweg nach Indien versperrte. Da kam Fernão de Magalhães auf die Idee, die Südspitze des Kontinents zu umschiffen, um auf einem Schleichweg zu den Gewürzinseln zu gelangen.

Links außen:
Australischer Ureinwohner aus der Umgebung von Sydney, 1802. Zeichnung von Nicolas-Martin Petit. »Sie haben gekraustes Haar, eine sehr breite, aber nicht eingedrückte Nase, und große ausdrucksvolle Augen. (...) Ihre Nasenscheidewand ist von einem zwölf bis fünfzehn Zoll langen Pflock durchbohrt.« Reisetagebuch von Pierre Milius, Schiffsleutnant an Bord der *Naturaliste* unter Nicolas Baudin (1800–1804).

Links:
Krieger mit Helmmaske von der Karakakoa-Bucht (Sandwich-Inseln, Hawaii). Stich von R. Benard nach einem Aquarell von John Webber, 1779. Dritte Reise von James Cook.

Unten links:
Männlicher Helmkakadu (Australien). Lithographie von Coutant nach Pancrace Bessa. *Reise um die Welt.* Hyacinthe de Bougainville (1824–1826).

Rechte Seite:
Bugverzierung eines Kriegsschiffes. Taninbar-Inseln, zwischen Timor und Neuguinea in der Banda-See. Es handelt sich um ein traditionelles Ornament der Maori-Kunst *(Kora ulu)*, die sich von Polynesien über Melanesien bis nach Neuseeland verbreitete.

RIODA
ESTREITO
ANTART

PRATA
Esta he a barra do rio.
da prata. a qual ffoi de
ssebuberta por Castella.
DO MAGAL HAIS
GALHAES DE
SEVILHA COMO
IMDO PERA
INGO VELAS
35
36
37
38
39
40
41
42
43
44
45
46
47
48
49
50
51
52
53
54
55
56
57
58
59
60
61
62
63
64

Links:
Piroge in der Nacht. Aquarellzeichnung aus dem Album von Maximilien Radiguet.

Hintergrund-Illustration: *Die Ermordung der Herren de Langle und Lamanon sowie zehn weiterer Besatzungsmitglieder* in Manua (Tutuila, Samoa-Inseln), Dezember 1787. Zwölf Mitglieder der Besatzungen starben eines gewaltsamen Todes, als sie die Wasservorräte auffüllen wollten. Zeichnung von Nicolas Ozanne, Begleiter von Lapérouse.

Rechte Seite:
James Cook. Porträt von Nathaniel Dance, 1776.

an, die jung war und recht schön, und die ganze Versammlung stimmte dann ein Hochzeitslied dazu an. Was für ein Land, was für ein Volk!«

Als er Tahiti verließ, schwärmte er in den höchsten Tönen. »Bevor ich diese glückselige Insel verlasse, muss ich sie noch einmal loben. Die Natur hat sie mit dem angenehmsten Klima der Welt, den heitersten Landschaften, üppigem Reichtum und schönen, stattlichen, kräftigen Menschen gesegnet. Die Natur gibt ihnen ihre Gesetze vor, sie befolgen sie, und möglicherweise leben sie in der glücklichsten Gemeinschaft unseres Planeten. Die Gesetzgeber und die Philosophen täten gut daran, selbst in Augenschein zu nehmen, was ihre kühnsten Träume übertrifft: Ein zahlreiches Volk von stattlichen Männern und schönen Frauen, die in Überfluss und Gesundheit zusammenleben und einander innig zugetan sind. (...) Ihre elementare künstlerische Bildung ist die von Menschen, die in Einklang mit der Natur leben und wenig arbeiten, sich an Geselligkeit, Tanz, Musik, Unterhaltung erfreuen und vor allem an der Liebeskunst, die anscheinend die einzige Göttin ist, der sie dienen. (...) Um alles, was wir gesehen haben, getreulich wiederzugeben, bedarf es der Feder von Fénelon und des verführerischen Pinsels von Albane oder Boucher.«

Der junge Aoturu war das Tagesgespräch der Pariser, bis das Interesse vor allem wegen seiner mangelnden Fähigkeit, die französische Sprache zu sprechen, nach und nach erlahmte. Nach einem Jahr schiffte er sich wieder ein, um auf seine Insel zurückzukehren. Auf der Île de France steckte er sich mit den Pocken an und starb noch während der Überfahrt.

1769 verbrachte James Cook drei Monate auf der König-Georg-Insel. Dieser geniale Seefahrer hielt seine Besatzungen zu eiserner Disziplin, Sauberkeit und Hygiene an. Dass er einer Landspitze dieser Insel den Namen Venusspitze (Point of Venus) gab, war wohl nur dem Umstand zu verdanken, dass er dort einmal beobachtete, wie die Venus auf ihrer Bahn die Sonne kreuzte. Obwohl Cook kein Puritaner war, widerstand er beharrlich dem Zauber der Frauen von Tahiti. Dafür verstand er es umso besser, die Disziplin auf der *Endeavour* aufrechtzuerhalten und seiner Besatzung gleichzeitig große Freiheiten zu gewähren, wobei er für die entsprechenden Vorkehrungen sorgte, um die Ausbreitung von Geschlechtskrankheiten zu verhindern. Ganz anders sein Naturforscher Joseph Banks, der sich mit der Königin

n. Max. Rad.ᶻ (Mouk.

iva) 1842.

Linke Seite, links oben: Menschentypen in Melanesien. Aquarellzeichnung aus dem Album von Maximilien Radiguet, 1842.

Linke Seite, rechts oben: Lotété, König der Marquesas, zum Zeitpunkt der Besitzergreifung im Jahr 1842. Radiguet notierte: »Er trug einen Frack aus rotem Samt im Stil Ludwigs XV.; die Nähte waren mit Tressen besetzt, die Schultern mit prächtigen Epauletten verziert. Um den Kopf hatte er ein glasperlenbesetztes Diadem aus Goldkarton, unter dem ein Strahlenkranz aus gefärbten Federn hervorquoll und die Bläue seiner Haut stärker hervorhob.« Aquarellzeichnung aus dem Album von Maximilien Radiguet.

Linke Seite, unten: Insulaner der Sandwich-Inseln (Hawaii) bringen Cook das rituelle Opfer dar (Januar 1779): »Er hatte ein rotes Stofftuch in der Hand, das er dem Kapitän über die Schultern legte, und überreichte ihm unter dem üblichen Ritual ein kleines Schwein.« (Aus dem Tagebuch von Kapitän King). Drei Wochen später wurde Cook ermordet. Stich von Samuel Middiman und John Hall (1784) nach einer Tuschzeichnung von John Webber (1769).

Rechte Seite, oben: Aquarellzeichnung aus dem Album von Maximilien Radiguet.

Nächste Doppelseite: *Cooks Ermordung in der Karakakoa-Bucht in Owhyhee* (Hawaii), 14. Februar 1779. »Dann stießen sie ihm den Dolch in den Rücken, und er fiel mit dem Gesicht ins Wasser.« (Aus dem Tagebuch von Kapitän King). Gemälde von George Carter (1781).

liche Idylle. »In der Lebensart der Tahitier herrscht eine glückliche Einförmigkeit. Mit Aufgang der Sonne stehen sie auf und eilen sogleich zu Bächen und Quellen, um sich zu waschen und zu erfrischen. Dann arbeiten sie oder gehen umher, bis die Hitze des Tages sie nötigt, in ihren Hütten oder im Schatten der Bäume auszuruhen. In diesen Erholungsstunden bringen sie ihren Kopfputz in Ordnung, sie streichen das Haar glatt und salben es mit wohlriechendem Öl, zuweilen blasen sie auf der Flöte und singen dazu, oder sie ergötzen sich, im Grase ausgestreckt, am Gesang der Vögel. Um Mittag ist ihre Tischzeit, und nach der Mahlzeit gehen sie wieder an die Arbeit oder an ihren Zeitvertreib. Bei allem, was sie tun, zeigt sich gegenseitiges Wohlwollen, und ebenso sieht man auch die Jugend in Liebe untereinander und in Zärtlichkeit zu den Ihrigen aufwachsen. Munterer Scherz, ungekünstelte Erzählungen, fröhlicher Tanz und ein mäßiges Abendessen bringen die Nacht heran, und dann wird der Tag durch abermaliges Baden im Flusse beschlossen.«

Insgesamt gesehen gelangte James Cook zu dem Urteil, dass die Insel »bei allem Überfluss, mit dem sie von der Natur gesegnet wurde, keine Erzeugnisse hervorbringt, die einen ihnen innewohnenden Wert haben oder die für einen Handel geeignet wären. Der einzige Nutzen dieses neu entdeckten Landes dürfte darin bestehen, dass sich unsere Schiffe dort unterwegs mit Proviant eindecken können.«

König-Georg-Insel kontra Neu-Kythera; man darf sich fragen, ob die Engländer Tahiti wirklich verdienten. Der französische Konteradmiral und Kommandant des Marinestützpunkts im Pazifik, Abel Aubert Dupetit-Thouars, regelte das Problem auf seine Weise, indem er 1842 nach der Pritchard-Affäre die Insel unter französisches Protektorat stellen ließ.

EIN GOTT WIRD ERMORDET

Am 14. Februar 1779 wurde James Cook auf der Hawaii-Insel Owhyhee in der Kealakekua-Bai (Karakakoa) getötet. Er wurde das Opfer einer Verwechslung mit Rono (oder Lono), dem Gott des Friedens und des Überflusses, der nach einer Weissagung eines morgens auf den *Pahi* wiederkehren sollte. Cook war nicht zum ersten Mal auf den Sandwichinseln, als er dort auf seiner dritten Reise die Anker warf, um vor der Weiterfahrt zur Beringstraße zu überwintern. Alles ging gut. Nachdem er jedoch die Insel wieder verlassen hatte, musste er wegen technischer Probleme noch einmal umkehren. Unangenehme Zwischenfälle lösten eine nervöse Unruhe unter den Insulanern aus, die sich zunächst unmerklich zuspitzte und schließlich in eine

offene Schlacht mündete. Die Waffe im Anschlag, stürzte sich Cook in das Gedränge, um die Feuereinstellung zu befehlen, als die Eingeborenen über ihn herfielen und mit dem Messer auf ihn einstachen. Sein Leichnam wurde in einer Art kollektiver Hysterie zerstückelt.

»Unser unglücklicher Kommandant – zuletzt ward er deutlich gesehen – stand am Wasser, wo er den Booten zurief, das Feuer einzustellen und zum Strande zu kommen. So es wahr ist, (...) dass die Seeleute ohne seine Anweisungen feuerten und dass er willens gewesen, jedwedes weitere Blutvergießen zu verhindern, so ist es nicht unwahrscheinlich, dass seine Menschlichkeit zu jener Gelegenheit für ihn fatal wurde. Es war nämlich bemerkt worden, dass keiner der Eingeborenen ihm so lange ein Leides getan, wie er ihnen sein Gesicht zugewandt hatte, dass jedoch, sobald er den Rücken gewandt hatte, (...) er in den Rücken gestoßen ward und mit seinem Gesichte in das Wasser fiel. Sobald sie ihn fallen sahen, stimmten die Insulaner ein großes Geschrei an, und sein Körper ward sogleich an den Strand gezogen und von den Feinden umringt, welche sich einer dem anderen den Dolch aus der Hand rissen. Sie alle schienen eine große Angst zu haben, an diesem Mord einen Anteil zu haben.« Am 18. Februar »gegen acht Uhr abends hörten wir, dass eine Piroge auf die *Resolution* zusteuerte. Die Wachen gaben Warnschüsse ab. Die beiden Männer im Boot riefen daraufhin Tinee! (so sprachen sie meinen Namen aus) und versicherten uns ihrer freundlichen Absichten. Sie schienen sehr ängstlich zu sein, kamen an Bord und warfen sich vor uns auf den Boden. Unter ihnen war Tabu, der Cook stets begleitet hatte. Nachdem er uns unter Tränen seiner Trauer um den Verlust des Orono versichert hatte, überreichte er uns ein Stoffbündel (...). Wir öffneten es und blickten entsetzt auf einen zirka zehn Pfund schweren Fleischklumpen. Dies sei alles, was von dem Leichnam übrig wäre, sagte er uns. Danach fragten sie uns allen Ernstes, wie der Orono sie bestrafen würde, wenn er zurückkäme.« Die Gebeine wurden der Besatzung zusammen mit den Händen am 20. Februar übergeben. »Ihappu kam mit dem Sohn des Königs an Bord, um uns die Gebeine des Kapitän Cook, seine Flintenkugeln, Stiefel und einige Habseligkeiten zu überreichen. Ihappu bemühte sich, uns klarzumachen, dass Tirribu, Maïha-Maïha nichts sehnlicher als den Frieden mit uns wünschten.« So schrieb es Lieutenant King in sein Tagebuch. Die Bucht wurde *tabu* erklärt. Die Überreste Cooks wurden auf Hawaii, der Insel des Gottes Rono, als Reliquien verehrt, bis die protestantischen Missionare den heidnischen Bräuchen ein Ende setzten.

Links:
Schamane in Tahiti. Vermutlich handelte es sich um einen *tahua* (Priester) oder einen charismatischen Häuptling der *Arii*-Sekte *(auch Arioi)*. Aquarellzeichnung aus dem Album von Maximilien Radiguet.

Rechte Seite:
Mahiole. Helmzier der Häuptlinge von Hawaii. Binsen mit roten und gelben Federn. Louis-François Le Goarant de Tromelin brachte ihn mit (1828). Ein ähnlicher Helm kam mit der letzten Cook-Expedition nach Europa.

Unten:
Ku-Kaili-Moku, Kriegsgott von Hawaii. Statue aus Binsen, Perlmutt und Hundezähnen. Die roten Federn, Zeichen der göttlichen Kräfte, sind ausgefallen. Die Statue ist wahrscheinlich mit einer Cook-Expedition nach Europa gelangt.

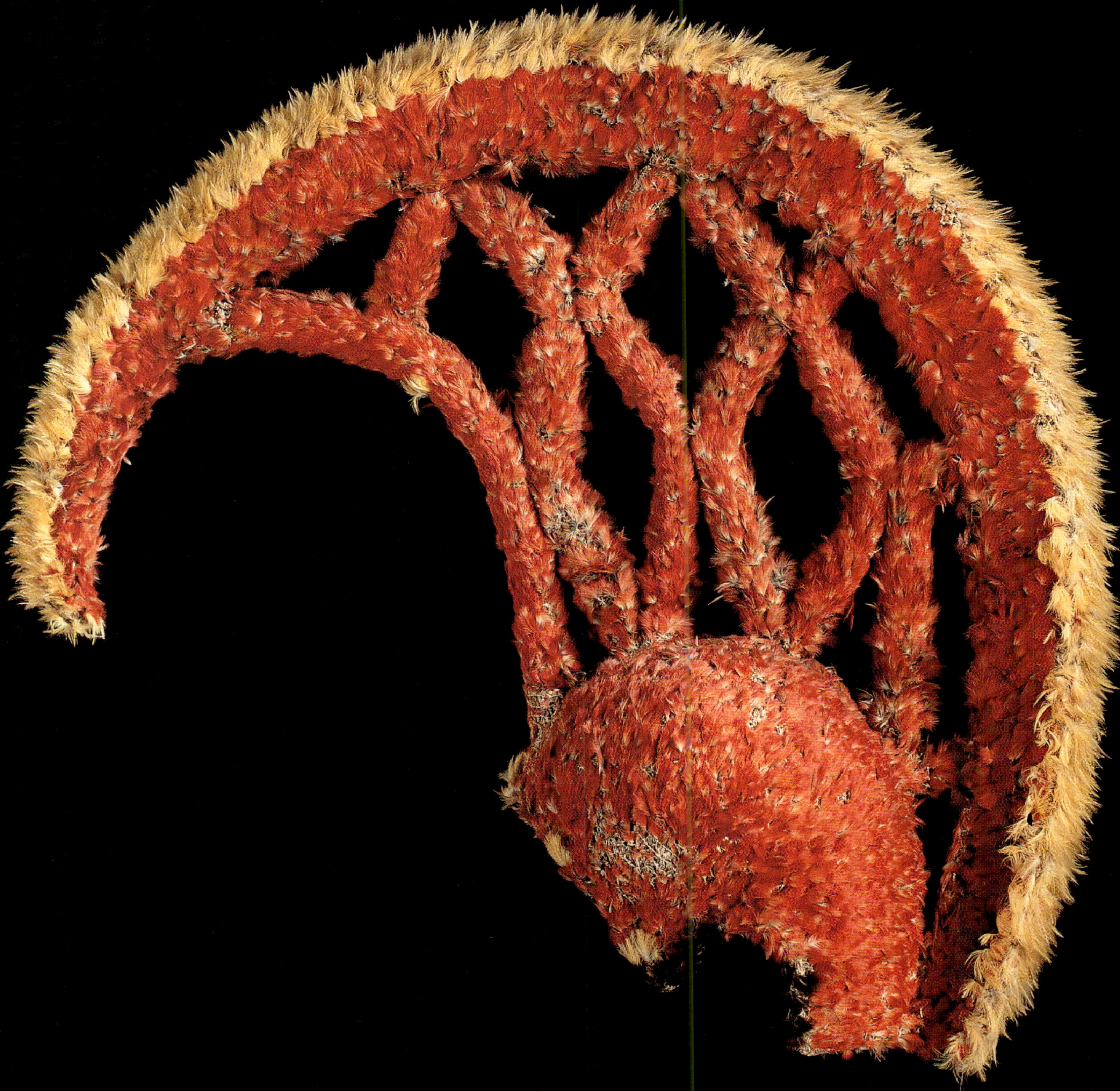

»Wir wollten sie gerade töten, weil wir sie für böse Geister hielten, als sie unserem Häuptling ein Geschenk überreichten. Das hat sie gerettet.« Im Jahr 1827 erzählte Ouallié, Häuptling aus Tanéma in Vanikoro, was er vom Hörensagen von der seit neununddreißig Jahren verschollenen Lapérouse-Expedition wusste. Wie die Sendboten aus dem Geisterreich der Vorfahren tauchten die Riesenkanus der Europäer unversehens am Horizont auf; ihre Ankunft brachte eine seit Urzeiten als unverrückbar geltende Ordnung ins Wanken und beschwor die Prophezeiungen der uralten Legenden herauf.

Das Inseldorf Nama in Vanikoro. 1828 wurden Dumont d'Urville und seine Begleiter, vierzig Jahre nach dem Schiffbruch der Lapérouse-Expedition, an den Unglücksort geführt. Aquarell von Louis-Auguste de Sainson, Schiffszeichner auf der *Astrolabe* (1826–1829).

Hier in diesen Gestaden waren die Entdecker wie Wesen von einem anderen Stern. Über die Insulaner, die bis dahin zwischen ihren Palmen und Mangroven ein rudimentäres, aber sinnenfrohes Dasein geführt hatten, das nur von den Naturgewalten regiert wurde, brachen durch die Ankunft der Neuankömmlinge wahre Fluten neuer Eindrücke herein. All ihre Sinne waren gespannt; an diesen Eindringlinge war nichts Vertrautes zu entdecken. Und so suchten sie Rat in ihrem überlieferten Sagenschatz.

An den Stränden der Neuen Welt standen sich zwei verschiedene Erfahrungswelten, zwei einander völlig fremde Kulturen gegenüber. So gesehen, war es nur allzu verständlich, dass Samuel Wallis den roten Federbusch (*Ura-tatae*), der neben ihm auf das Deck geworfen wurde, als Friedensangebot missdeutete; tatsächlich aber sollte er ihn dem Zorn der Götter überantworten.

Wenn diese beiden Lager aufeinander prallten, knisterte es in der spannungsgeladenen Arena der Strände. Eine einzige falsche Bewegung, ein unbedachtes Wort, eine unbeabsichtigte Kränkung, ein harmloser Versprecher, ein Ausrutscher, der geringste Fehltritt konnte fatale Folgen haben und ein Massaker auslösen. Die Seeleute, ihrerseits in alten Mythen und Aberglauben verhaftet, waren durch ihre Lebensweise an Bord, wo sie auf engstem Raum miteinander auskommen mussten,

Vor Opulu (Apía) in der Inselgruppe Samoa wird Dumont d'Urville von den Einwohnern attackiert (1838). Auch die Lapérouse-Expedition war 1787 in Tutuila durch Eingeborene von Apía angegriffen worden. Lithographie nach Louis Le Breton, Schiffszeichner und Chirurg auf der *Astrolabe* von Dumont d'Urville (zweite Reise 1837–1840).

auf diese ersten Begegnungen mit diesen so fremden Kulturkreisen im Grunde genommen gut vorbereitet. Aber sie waren zutiefst verunsichert, weil sie nicht wussten, woran sie sich zu halten hatten, hin und her gerissen zwischen Liebes- und Freundschaftsbezeugungen und den Anzeichen nackter Gewalt.

Im Verlauf der zweiten Reise erlebten Cooks Begleiter viele Dinge, die ihnen sehr fremd erscheinen mussten.. Im Juni 1774, als die *Resolution* vor der Insel Nuka (Rotterdam) im Archipel von Tonga vor Anker lag, schrieb der junge Naturforscher Johann Georg Forster, der seinem Vater assistierte: »Jede dieser jungen Frauen hatte eine Pampelmuse, die sie uns scheibchenweise in den Mund steckten, während sie uns auf alle möglichen Arten zu verstehen gaben, dass sie uns zugetan waren.«

Linke Seite:
Häuptling von Santa Christina (Tahua Ta, Inselgruppe der Marquesas). Stich nach William Hodges, Schiffsmaler und Zeichner auf der *HMS Resolution*.

Rechts:
Marineoffizier mit Frauen in Tahiti. Reise mit der *Reine Blanche* unter Konteradmiral Dupetit-Thouars nach den Marquesas und Tahiti. Aquarellzeichnung aus dem Album von Maximilian Radiguet.

Unten:
Detail eines Türstocks aus Neukaledonien. Kanakische Volkskunst. Diese Verzierungen sind typisch für die Ahnenhütten.

Zu diesem Zeitpunkt konnte Forster noch nicht wissen, was sich knapp sechs Monate zuvor in Königin-Charlotten-Sund in Neuseeland zugetragen hatte: Zehn Besatzungsmitglieder der *Adventure* unter Tobias Furneaux trafen beim Sammeln von Kräutern und essbaren Pflanzen auf eine Gruppe von Maoris; einer davon stahl ihnen eine Jacke. Daraufhin kam es zu einem Kampf, bei dem die Matrosen erschlagen und verspeist wurden.

Leutnant James Burney schilderte in seinem Tagebuch seinen grausigen Fund: »Als ich in der Umgebung des Ufers nach dem Boot der Unsrigen suchte, bot sich uns ein entsetzlicher Anblick: Allenthalben im Sand lagen abgerissene Köpfe, Herzen und Lungen der Unsrigen, und in der Nähe lagerten die Hunde und fraßen die Eingeweide.« Krasser konnten die Gegensätze wirklich nicht sein. Aber Cook vermerkte am Ende seiner zweiten Reise nur lapidar: »Keine außerordentlichen Vorkommnisse.« Als Cook drei Jahre später an den Ort des Massakers zurückkehrte, hatte er eine Unterredung mit dem Häuptling Kahoora, der diesen Überfall angeordnet hatte. Andere Maoris, die ihn »rückhaltlos« über die »dramatischen Umstände« dieser Vorkommnisse aufklärten, »bestätigten einhellig, dass der Streit wegen eines Diebstahls der Einheimischen ausgebrochen war. Sie fügten hinzu, das Massaker sei nicht geplant gewesen, und wenn die Matrosen bereit gewesen wären, die Sache auf sich beruhen zu lassen, wäre kein Blut vergossen worden.« Häuptling Kahoora sei nicht sehr beliebt, man könne ihm aber nicht unterstellen, die Männer mit Vorsatz getötet zu haben. Ein Überlebender der Lapérouse-Expedition, Chevalier Fleuriot de Langle, zitierte den Kommandanten der *Astrolabe* im Anblick eines Kupferstichs, der Cooks Ermordung am 11. Dezember 1787 auf der Insel Tutuila (Amerikanisch-Samoa) darstellte: »Ein Tod, wie ein Mensch unseres Schlages ihn sich nur wünschen kann.«

Ebenfalls in Neuseeland wurde der Franzose Marc-Joseph Marion Dufresne getötet und anschließend bei einem Fest verspeist. Der Grund war, dass die Matrosen auf der Suche nach Brennholz versehentlich einen heiligen Baum gefällt hatten.

AUF DEM PRÜFSTAND: DIE PHILOSOPHIE DER AUFKLÄRUNG

Von Ausnahmen abgesehen, handelte es sich bei den Marineoffzieren meistens um wissbegierige, intelligente, erfahrene Beobachter, die es im Verlauf ihrer Weltumsegelungen verstanden hatten, kritisch auf Distanz zu gehen. Wie Astronauten in ihrer Weltraumkapsel stießen sie in völlig fremde Welten, zu anderen Völkern und Kulturen vor. Das Schiff war die ideale Forschungsstation zum Studium anderer Gesellschaftsformen. Oder hätte es zumindest sein können, wenn sich die Wissenschaftler damals für die Erforschung nicht-europäischer Gesellschaften interessiert hätten. Im 18. Jahrhundert höhnten die Seefahrer oft über das, was sich die Philosophen und Geographen in ihren Studierzimmern über den »edlen Wilden« und die vermeintliche »Terra australis incognita« ausdachten. Auch Bougainville, der selbst ein Gelehrter war, attackierte sie: »Als Reisender und Seemann bin ich ein Lügner und Dummkopf in den Augen jener trägen, selbstherrlichen Klasse der Schriftsteller, die an ihren Schreibpulten über die Welt und ihre Bewohner sinnieren und sich anmaßen, die Natur nach ihren Vorstellungen zurechtbiegen zu können.«

Als James Cook und sein Naturforscher Forster 1774 nach Neukaledonien kamen, konnten sie die Kanaken gar nicht genug loben. »Die Eingebornen sind ein starkes, kräftiges, tätiges, gutgebautes Volk, entgegenkommend und freundlich und nicht im Geringsten zum Diebstahl neigend. (...) Müßte ich ein Urteil abgeben über die Herkunft dieses Volkes, so würde ich sie für eine Rasse zwischen den Bewohnern von Tanna und denen der Freundschaftsinseln halten.«

Oh je! Als Kapitän Élisabeth-Paul de Rossel, der die Expedition von d'Entrecasteaux überlebt hatte, Jahre später auf der Suche nach dem verschollenen Lapérouse im selbigen Hafen Balade Anker warf, ging er sogleich daran, die Aussagen der Engländer zu korrigieren. »Nachdem Mr. Forster ein so verlockendes Bild von der einfachen Lebensweise und Menschenfreundlichkeit der Bewohner Neukaledo-

Links:
Wasserplatz im Hafen von Carteret (Neuirland). Aquarell von Louis-Auguste de Sainson. (Erste Reise von Dumont d'Urville 1826–1829).

Unten:
Papua-Mann von der Bougainville-Insel. René Primevère Lesson, Naturforscher von Duperry, suchte in den Jahren 1823/24 in der Umgebung von Neuguinea nach Paradiesvögeln, als seine Begleiter diese *Alfuren*, auch *Halifuren* genannt, mit ihrer charakteristischen Haartracht entdeckten. Aquarellzeichnung von L. F. Lejeune, Schiffszeichner von Louis-Isidore Duperrey auf der *Coquille* (1822–1825).

Rechte Seite:
Eingeborener von Nuka Hiva (Nuku Hiva), Inselgruppe der Marquesas, 1838. Lithographie nach Louis Le Breton. *Voyage au pôle sud et dans l'Océanie*. Dumont d'Urville (1837–1840).

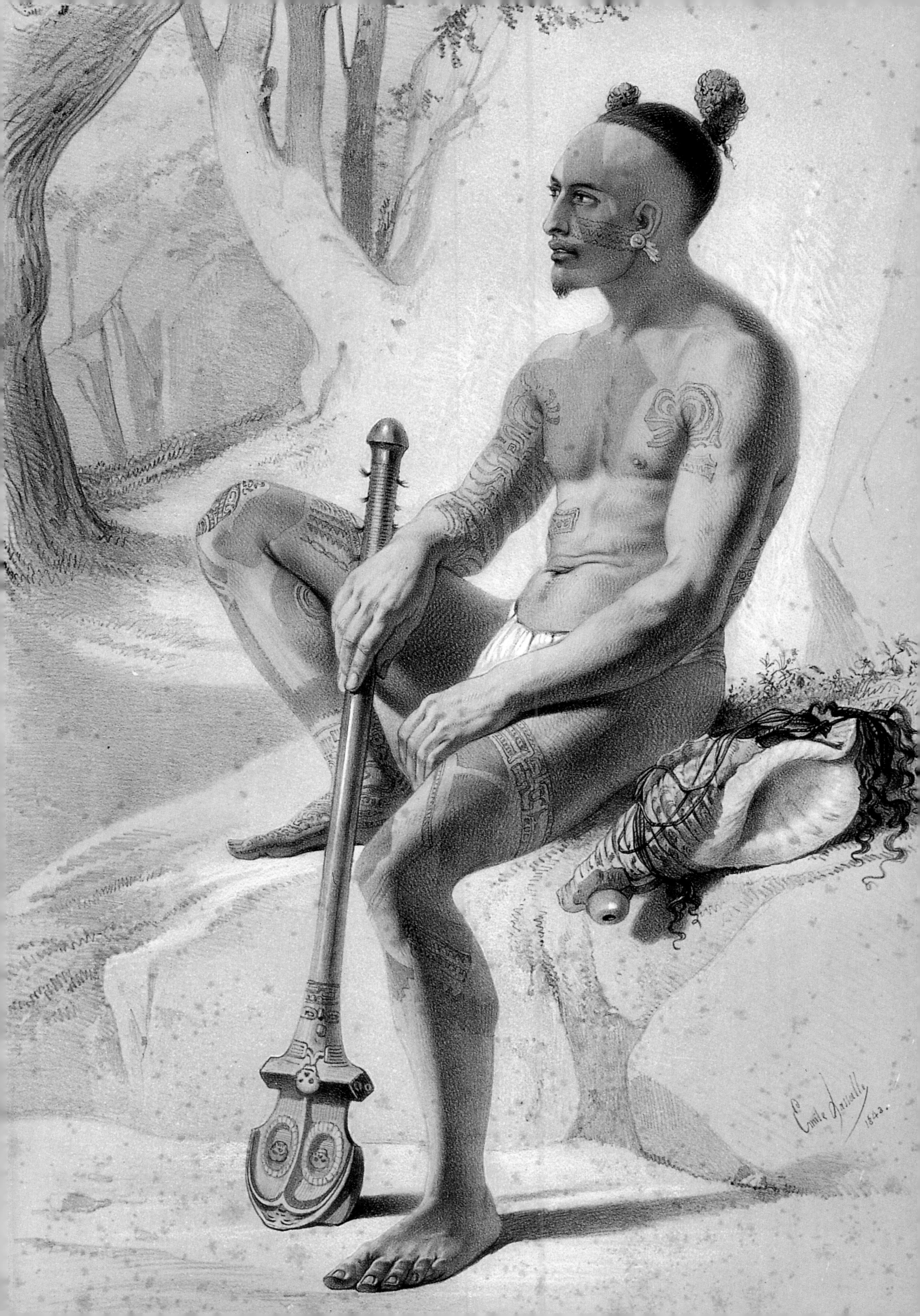
Emile Lassalle
1843.

niens entworfen hat, können wir nur mit Befremden zur Kenntnis nehmen, dass dieses Volk den Kannibalismus praktiziert. Sie haben eine Vorliebe für Menschenfleisch und machen kein Hehl daraus.« Dieser Kult wurde übrigens noch in jüngerer Zeit praktiziert. Rossel erwähnte noch, dass seine Begleiter zu ihrem Entsetzen mehrmals geröstetes Menschenfleisch unter den Speisen der Kanaken entdeckten.
Diese Vermutung, dass sich unter der gutmütigen Maske des »naturnahen« Menschen im Grunde ein Wesen von großer Grausamkeit verbarg, konnte Lapérouse nach seinem Besuch der Osterinsel im April 1786 leider nur bestätigen: »Im Gegenteil gingen wir bloß deswegen bei ihrer Insel vor Anker, um ihnen Gutes zu erweisen. Wir beschenkten sie reichlich und behandelten alle schwachen und hilflosen Personen, besonders aber die kleinen Kinder, welche noch an der Mutter Brust lagen, auf die liebreichste Art. Wir besäeten ihre Felder mit allerlei nützlichen Samengewächsen, wir hinterließen in ihren Wohnungen Schafe, Ziegen und Schweine, welche sich wahrscheinlich in kurzer Zeit fortpflanzen werden, und verlangten für dies alles nicht die mindeste Tauschware. Dessen ungeachtet bewarfen sie uns mit Steinen und stahlen alles, was sie nur fortbringen konnten.« Ende Mai warf Lapérouse vor Mowee (Maui) in Hawaii die Anker, um sich zur Gedenkstätte des ermordeten Captain Cook zu begeben. Damals war Lapérouse noch optimistisch genug, einen erzieherischen Zweck mit seiner Mission zu verbinden: »Wenn die neuen Seefahrer die Sitten und Gebräuche unentdeckter Länder beschreiben, so geschieht es bloß in der Absicht, die in der Geschichte der Menschheit noch vorhandenen Lücken aufzufüllen. Ihre Reisen sollten bloß dazu dienen, die

Links:
Ankunft von Dumont d'Urville am Strand von Tucopia. Februar 1828. Auf dieser Insel in der Nähe von Vanikoro erhielt d'Urville Hinweise auf ein Schiffsunglück, bei dem es sich allem Anschein nach um den Schiffbruch der Lapérouse-Expedition handelte. Aquarellzeichnung von Louis-Auguste de Sainson. (Dumont d'Urvilles erste Reise in den Jahren 1826–1829).

Hintergrund-Illustration: Katamaran von Balahu (Fidschi-Inseln). Lithographie nach Louis Le Breton. (Dumont d'Urvilles zweite Reise in den Jahren 1837–1840).

Unten links:
Eingeborene im Hafen von Dorey (Neuguinea), 1824. Aquarellzeichnung von L. F. Lejeune, Schiffszeichner von Louis-Isidiore Duperrey an Bord der *Coquille* (1822–1825).

Ich will annehmen, dass eine Gesellschaft unmöglich ganz ohne Tugenden bestehen kann, aber ich muss gestehen, dass mein Blick nicht scharf genug war, sie zu entdecken, und dass ich nichts bei diesem Volke bemerkt habe, wodurch ich veranlasst wäre, hellere Farben in diese Gemälde zu mischen. Sie sind zwecksüchtig; gleichgültig gegen ihre Kinder, sind wahre Tyrannen ihrer Weiber, denen sie die härtesten Arbeiten auflegen. (...) Mögen die Philosophen immerhin an ihrem Schreibpulte diese Schilderung für übertrieben erklären; ich reise seit dreißig Jahren und bin Zeuge der Ungerechtigkeiten und Betrügereien jener Völker, die man uns so gut vorstellt, weil sie der Natur ganz nahe sind, aber diese Natur ist nur im Großen erhaben und vernachlässigt oft das Einzelne. Es ist unmöglich, durch Wälder zu dringen, welche nicht von zivilisierten Menschen ausgehauen sind, über steinigte und mit Felsen bedeckte Ebenen oder unwegsame Sümpfe zu reisen, und ebenso unmöglich ist es, mit dem Naturmenschen in gesellschaftliche Verbindung zu treten, denn er ist bösartig und betrügerisch.

Jean-François Galaup de Lapérouse.
Juli 1786, nach dem Aufenthalt der Expedition in Alaska.
In: *La Perousen's Entdeckungsreise in den Jahren 1785, 1786, 1787.*

wahre Beschaffenheit des Erdballs vollends zu erforschen, und die Kenntnisse, welche sie verbreiten, zielen einzig und allein darauf ab, die Bewohner der von ihnen entdeckten Inseln glücklicher zu machen und ihnen ihre Subsistenz zu erleichtern. (...) (Sie) haben daselbst Bäume gepflanzt, das Erdreich mit einer Menge Sämereien aus allen Weltgegenden befruchtet und mancherlei Werkzeuge zur Beförderung des Erwerbsfleißes hinterlassen.«

Am 1. Januar 1787 schrieb Robert de Lamanon, Naturforscher und Physiker der Lapérouse-Expedition, in Macao an den französischen Marineminister Marschall de Castries: »Anfang des vergangenen Jahrhunderts suchten unsere Nachbarn in den neu entdeckten Ländern nach Gold; in diesem Jahrhundert haben die Franzosen der Erde eine Gestalt und neue Dimensionen verliehen. (...) Was unsere Reise unterscheidet, was für die Philosophen, die Zeitgenossen und die Nachwelt den Ruhm der französischen Nation ausmachen wird, ist der Umstand, dass bei unseren Begegnungen mit diesen angeblich barbarischen Völkern kein Tropfen Blut vergossen worden ist.« Wie unter einer Vorahnung fügte er noch hinzu: »Aber das Unternehmen ist noch nicht beendet.« Lamanon, der Kommandant der *Astrolabe*, Fleuriot de Langle, und zehn Männer der Besatzung wurden am 11. Dezember desselben Jahres in Maouna (Tutila) getötet, als sie die Trinkwasservorräte erneuern wollten. Die Bewohner einer Nachbarinsel hatten die vermeintliche Unverwundbarkeit der Europäer testen wollen.

In seiner Verbitterung angesichts dieser neuen Tragödie schrieb Lapérouse: »Meine Meinung über unzivilisierte Völker war seit langer Zeit ausgemacht: Meine Reise hat mich darin bestärkt. (...) Ich habe sie, zu meinem eigenen Verderben, zu gut kennen gelernt. Indes bin ich tausendmal mehr gegen die Philosophen aufgebracht, die die Wilden so sehr erheben, als gegen die Wilden selbst. Der unglückliche Lamanon (...) sagte noch den Tag vor seinem Tode zu mir, dass diese Menschen besser als wir wären. Als ein strenger Beobachter der in meinen Instruktionen vorgezeichneten Befehle habe ich immer gegen sie die größte Mäßigung bewiesen; gestehe aber, dass, wenn ich eine neue Reise dieser Art machen sollte, ich andere Verhaltungsbefehle fordern würde. Ein Seefahrer muss, wenn er Europa verlässt, die Wilden als seine Feinde betrachten, die freilich so schwach sind, welche ohne Grund anzugreifen undemüthig, welche zu vernichten barbarisch sein würde, denen aber zuvor-

Linke Seite:
Einweihung der Lapérouse-Gedenkstätte durch Dumont d'Urville und die Besatzung der Astrolabe. März 1828. Aquarell von Louis-Auguste de Sainson. (Dumont d'Urvilles erste Reise in den Jahren 1826–1829).

Hintergrund-Illustration: Eingeborener und Perlmuttmasken von Aurobu Island (Torresstraße). Reiseatlas von Dumont d'Urville.

zukommen man das Recht hat, wenn man dazu Veranlassung findet. (...) Es sind mir noch sehr interessante Dinge zu tun, noch sehr böse Völker zu besuchen übrig.«
Im März 1788 wurde die Expedition zum letzten Mal gesichtet, als die Schiffe in Botany Bay, in der Nähe des heutigen Sydney, eine Zwischenlandung einlegten. Vierzig Jahre dauerte es, bis man die Relikte der Schiffswracks an der Küste von Vanikoro in den Salomonen (Melanesien) entdeckte. Nach dem Hörensagen sollen zwei Schiffe in einer stürmischen Nacht an der Küste zerschellt sein. Es soll unter den Schiffbrüchigen einige gegeben haben, die sich an Land retteten. Aber sie hätten das Klima nicht ertragen und sich in einem notdürftig zusammengenagelten Boot samt Werkzeug und Feuerwaffen auf die Suche nach einer europäischen Siedlung gemacht. Wahrscheinlich wurden sie unterwegs getötet. Weder in Vanikoro noch sonstwo wurde jemals das geringste Anzeichen dieses zweiten Untergangs der Lapérouse-Expedition gefunden. Mit der Zeit kehrte wieder Ordnung ein. Und die grausigen Vorfälle, die sich im letzten Viertel des 18. Jahrhunderts ereigneten, gerieten langsam in Vergessenheit. Das Europa der Dichter und Denker hatte die Brücke zu den Naturvölkern der glücklichen Inselwelten geschlagen.

Oben:
Die Zeremonie des Kava (April 1827). Dumont d'Urville und die Offiziere folgen der Einladung des Häuptlings Palu in Tonga-Tabu. Kava wird aus dem Saft der gleichnamigen Wurzel gewonnen und vergoren. Lithographie von Nicolas Noël nach einem Aquarell von Louis-Auguste de Sainson. (Dumont d'Urvilles erste Reise, 1826–1829).

Ihre Unkenntnis von der Kultur der Maori wurde den Europäern zum Verhängnis. Nach ihrem Wissensstand mussten die Ankömmlinge aus Europa die Bewohner der pazifischen Inseln für Aborigines halten. Cook schrieb ihnen hervorragende nautische Fähigkeiten zu. »Und obwohl die großen (Boote) sehr plump erscheinen, wissen sie äußerst behende mit ihnen umzugehen und unternehmen damit meines Wissens lange Reisen; andernfalls würden sie kaum die Kenntnisse der Inseln dieser Seen besitzen, über die sie augenscheinlich verfügen.«
Von ihren eigenen Vorstellungen verblendet, wollten die Europäer die Wahrheit noch lange nicht wahrhaben. Neuseeländer, Tahitier, Oster-Insulaner, Kanaken, Tonganer waren von jeher Seefahrervölker. Die erste Wanderung der Maoris von den Philippinen nach Melanesien begann zweitausendfünfhundert Jahre vor unserer Zeitrechnung . Von dort aus zerstreuten sie sich in alle Richtungen, erreichten zwischen 500 v. Chr. und 1000 n. Chr. die Tonga-Inseln und Hawaii und in der Mitte des 11. Jahrhunderts Neuseeland. Südamerika kannten sie schon vor den Spaniern. Als die ersten Gesandten aus dem Europa der Aufklärung in den größten der Ozeane vordrangen, waren die Maoris ihnen schon zweitausend Jahre voraus.

Reisen für die Wissenschaft

Vorhergehende Doppelseite: Verpflanzung der Brotfruchtbäume in Tahiti. Kapitän William Bligh sollte mit seiner *Bounty* Brotfruchtbäume von Tahiti zu den Antillen bringen. Am 28. April 1789 brach die Meuterei aus. Lithographie von Thomas Gosse, 1796.

Links:
Alexander von Humboldt in seinem Berliner Studierzimmer. Lithographie von Ernst Hildebrandt, 1856.

Rechte Seite:
Muscheln aus dem Pazifik. In der zweiten Hälfte des 16. Jahrhunderts entstanden Kuriositäten-Kabinette, um die reichen botanischen und zoologischen Sammlungen von Übersee zur Schau zu stellen. Gouache von Alexandre-Isidore Leroy de Barde, 1803. Der Künstler verewigte die für Ludwig XVIII. angelegten Sammlungen in sechs Gemälden.

Unten:
Seehund. Australische Schule, um 1840.

Dass die Erde rund ist, wussten die griechischen Geographen schon im vierten Jahrhundert vor unserer Zeitrechnung, und ein Jahrhundert später entdeckten sie, dass sie sich um die Sonne dreht. Die Theorien der Landvermesser Alexanders des Großen und die Berichte der Seefahrer, die sich an der Straße von Gibraltar durch die Herkulessäulen kurz auf das offene Meer hinaus wagten, bestätigten die überkommene Auffassung, dass sich die Welt nicht auf das Mittelmeer und die angrenzenden Landmassen reduzierte. Als die Forschungsreisenden des 18. und 19. Jahrhunderts die Erkundung der Erde vollenden wollten, knüpften sie an diese Überlieferungen an. Sie überquerten die Ozeane unter unvorstellbaren sanitären Bedingungen, und die unzureichenden Navigationsinstrumente beschränkten sich auf ein paar Messinstrumente aus Bronze oder Kristallglas und einige wenige von tropischen Insekten angenagte Bücher. In unserer Zeit, da der Tourismus in jeden noch so entlegenen Winkel unseres von Satelliten umkreisten Planeten vordringt, denkt kaum noch jemand daran, dass die Erde bis vor einhundertfünfzig Jahren noch eine recht unbekannte Größe war, über deren Ausdehnung man nur vage Vermutungen anstellte. Ebenso wenig wie man der Leistungen all jener Forscher und Entdecker gedenkt, die sich der systematischen Erforschung der Welt und ihrer Gesetzmäßigkeiten verschrieben hatten und dafür unsägliche Leiden bis hin zu ihrem Tod in Kauf nahmen.
Während die Fregatten ihre Landesflaggen vor allem nach Ozeanien tragen sollten, verfolgten die Forschungsexpeditionen im 18. Jahrhundert vorwiegend wissenschaftliche Ziele. Sie nahmen Astronomen mit an Bord und führten die notwendigen Gerätschaften mit sich, um an jedem beliebigen Ort der Welt ein mobiles Observatorium aufzustellen. Sowohl vom Kommandanten selbst als auch von seinen Offizieren wurde eine umfassende Ausbildung in nautischer Astronomie verlangt. Die auf diesen Reisen gesammelten Daten führten dazu, dass die physika-

Australischer Leierschwanz.
Gouache von John William
Lewin (1770–1819).

In den Wäldern erblickten wir einen Baum, dessen Früchte in Farbe und Form unseren Kirschen ähnlich sahen; sie schmeckten angenehm säuerlich, waren aber nicht sehr aromatisch. Und zwischen den Wäldern lagen die schönsten Wiesen der Welt. (...) Des Abends kehrte das Boot vom Fischen zurück; es hatte zwei Stachelrochen mit einem Gewicht von nahezu sechshundert Pfund gefangen. Die Vielzahl neuer Pflanzen etc., die Mr. Banks und Dr. Solander an diesem Orte sammelten, veranlasste mich, ihm den Namen *Botany Bay* zu geben. Diese Bucht ist gelegen auf 34°0' südlicher Breite und 208°37' westlicher Länge.

James Cook, 5. Mai 1770.
Die erste Reise (1768–1771)

lische und die anthropologische Geographie der Länder der südlichen Halbkugel Fortschritte machten, und es wurden weitere Länder in der noch unerforschten Weite des Pazifiks entdeckt, die meisten davon durch James Cook, der drei solcher Forschungsreisen vorbildlich leitete. Durch die Lapérouse-Expedition hätte die Entdeckung der Welt vollendet werden können. Obwohl sie es weder in der Planung, noch in der Organisation und in der methodischen Vorgehensweise mit dem Genie des großen Cook aufnehmen konnte, hätte sie der Wissenschaft nützliche Dienste leisten können. Aber das Schicksal wollte es anders. Und noch etwas: Die Entdecker, die als Botschafter Europas die Meere der Neuen Welt kreuzten, genossen im Namen der Wissenschaft diplomatische Immunität. So hatten die Admirale der französischen Kriegsflotte von König Ludwig XVI. die Anweisung, den Engländer James Cook als Wohltäter der Menschheit zu betrachten. Auch der Preuße Alexander von Humboldt hatte in seinem französischen Reisepass einen Eintrag, der ihn als Forschungsreisenden auswies.

Mitte links:
Johann Reinhold Forster mit seinem Sohn Johann Georg Forster. Die beiden Preußen schottischer Abstammung begleiteten Cook auf seiner zweiten Reise in ihrer Eigenschaft als Naturforscher und Schiffszeichner (1772–1775).

NATURFORSCHER AUF HOHER SEE

Der erste Naturkundler, der mit einer Forschungsexpedition in See stach, hieß Philibert Commerson. Ihm fällt das Verdienst zu, in Rio und Montevideo einen »majestätischen Strauch mit prächtigen lila Blüten, die dort zahlreiche Hauswände zierten« entdeckt zu haben, den er nach Bougainville benannte.
1768 brach James Cook mit dem Naturforscher Joseph Banks und einem Gefolge aus Wissenschaftlern und Zeichnern zu seiner ersten Reise auf. Allein in Tahiti entdeckten sie Unmengen unbekannter Bäume und essbarer Pflanzen, all die »Produkte, die der Boden im Überfluss hergibt«, Süßkartoffeln, Yams, Mango, Zuckerrohr und lokale Spezialitäten, von den Polynesiern *pia*, *ti*, *ihi*, *fara*, *teve* oder *nono* genannt. Auch sonst wurde die Reise zu einem vollen Erfolg.
Als sie in Neuholland eine Bucht entdeckten, die sich durch ihre besondere botanische Vielfalt auszeichnete, gab Cook ihr nach der Besitzergreifung den Namen Botany Bay. Heute beherbergt sie den kleinen Ort Lapérouse bei Sydney.
Ausgerechnet zu dem Zeitpunkt, als der Kommodore Philipps in der tief eingeschnittenen Nachbarbucht Port Jackson die erste europäische Siedlung in Australien errichtete, soll der Franzose dort 1788 zum letzten Mal an Land gegangen sein.
Während der Instandsetzungsarbeiten an der *Endeavour*, die auf ein Riff gelaufen war, sichteten die Mannschaften »ein Tier so groß wie ein Windhund, mit einem schlanken

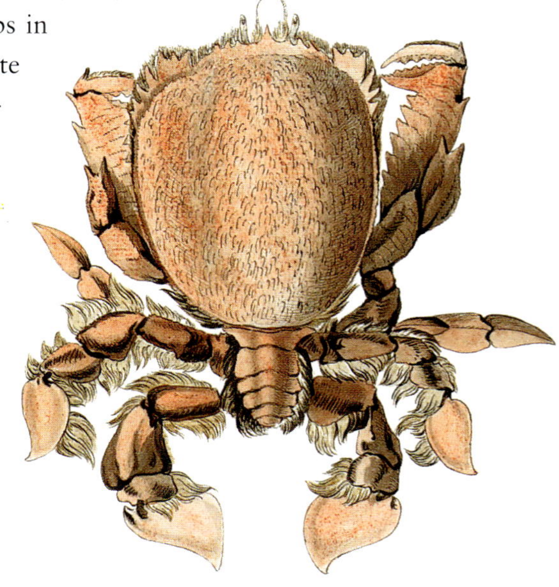

Unten:
Dieser Krebs, *Ranina-ranina* genannt, kommt im Westpazifik und im Indischen Ozean vor. Aquarell von William Ellis, der Cook auf seiner dritten Reise als Schiffsarzt und Naturzeichner begleitete (1776–1780).

Vogel von der Magellanstraße. September 1699. Handschriftliches Reisetagebuch von Duplessis, Ingenieur und Kartograph von Beauchesne an Bord der *Maurepas* (1698–1701).

Körper, das sich extrem schnell fortbewegte«. Cook sah es später mit eigenen Augen. »Nach seiner Größe und seinem Aussehen ähnelte es einem Hasen. Auch hatte es einen langen Schwanz, und ich hätte es für einen wilden Hund gehalten, hätte es nicht, anstatt zu laufen, große Sprünge wie ein Hase oder ein Hirsch gemacht. Mr. Banks, der das Tier nur aus größerer Entfernung sah, ist der Meinung, es handle sich um eine bisher unbekannte Art.« Von dem Naturzeichner Sidney Parkinson, der ebenso wie der Landschaftsmaler Alexander Buchan die Überfahrt nicht überlebte, stammt die erste Zeichnung eines Kängurus.

Die zweite Reise brachte weitere botanische Raritäten ans Licht: In Neu-Kaledonien auf der Île des Pins, die noch heute so heißt, entdeckte man die *araucaria columnaris,* säulenartige Kiefern, die man heute für Stromleitungsmasten halten würde; dann die *araucaria* der Norfolk-Insel, die Palme *howea forsteriana*, die Buche der Antarktis, die *barringtonia speciosa* von Tahiti und zahlreiche andere Bäume und Sträucher. Die Ethnologie, die noch in den Anfängen steckte, erhielt gewaltigen Auftrieb, und Zoologen, Insektenkundler und Botaniker hatten einiges zu tun, um die Unmengen unbekannter Spezies auszuwerten und zu klassifizieren. Mehrere hunderttausend Proben brachten die Entdecker mit, und mehrere tausend davon hatte man noch nie gesehen. Der *eucalyptus globulus* aus Tasmanien, den Jean-Jacques de La Billardière, Naturforscher bei d'Entrecasteaux, in

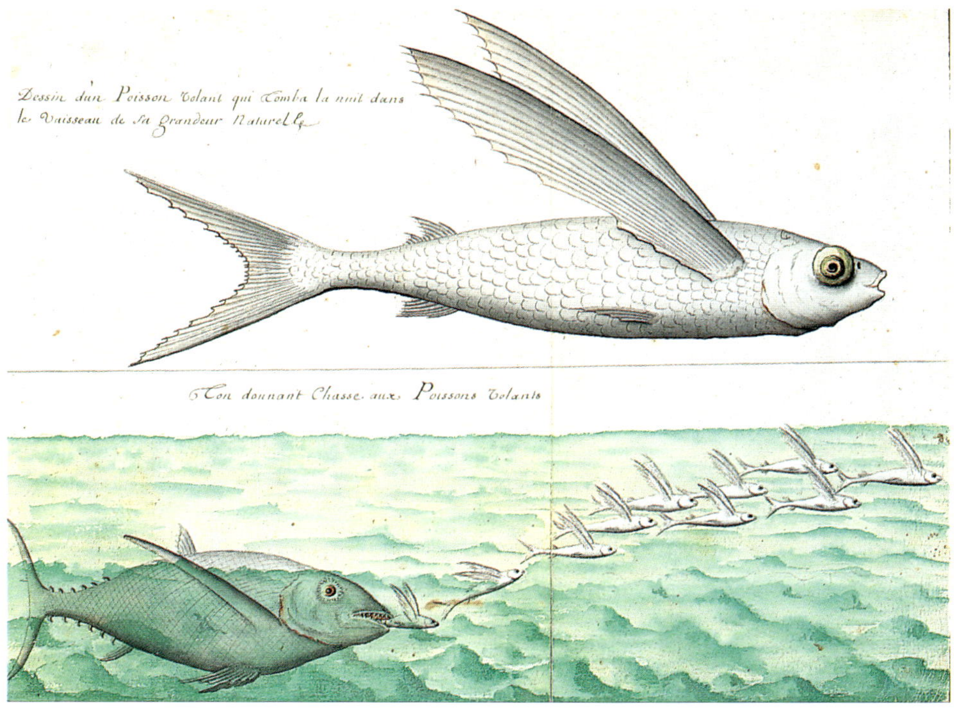

Oben links:
Thunfische machen Jagd auf Fliegende Fische.

Mitte links:
Crocros-Fisch von den Kapverdischen Inseln. Handschriftliches Reisetagebuch von Duplessis, Ingenieur und Kartograph von Jacques Gouin de Beauchesne, der für die »Compagnie de la mer du sud« durch die Magellanstraße nach Peru segelte (1698–1701).

Unten links:
Langschwänziger Beutelmarder aus Neusüdwales. Lithographie von Jean-Dominique-Étienne Canu (1807) nach einem Aquarell von Charles Alexandre Lesueur (1802). *Voyage de découvertes aux terres australes* von Kommandant Nicolas Baudin. Lesueur war einer der Schiffszeichner, die an Bord der *Naturaliste* und der *Géographe* die Umgebung von Australien erkundeten (1800–1804).

Rechte Seite, oben:
Kängurus *(Macropus giganteus)*. Gouache von Charles-Alexandre Lesueur (1802).

Rechte Seite, unten:
Fledermaus. Aquarell von William Ellis. Cooks dritte Reise (1776–1780).

Paca.

Malmaison bei Paris pflanzte, konnte sich binnen fünfzig Jahren über den Mittelmeerraum bis nach Nordafrika verbreiten.

Als Nicolas Baudin zu Beginn des 19. Jahrhunderts nach Australien in See stach, standen die Dinge auf seinen Schiffen nicht zum Besten. Desertionen, Gewalttätigkeiten, unzumutbare sanitäre Zustände und Meutereien bestimmten das Leben an Bord unter der Leitung dieses an sich erfahrenen, aber als grausam und stur gefürchteten Kommandanten. Als Baudin jedoch im August 1803 mit der *Géographe* von Île de France (Mauritius) die Heimreise antrat, hatte er nicht nur eine Menagerie, sondern auch ein Treibhaus an Bord. Nach der Auswertung all der Notizen, der eintausendfünfhundert Zeichnungen von Charles Alexandre Lesueur und der Unmengen an exotischen Kräutern, Pflanzen, Insekten und anderen lebenden Tiere kam man auf die stolze Summe von insgesamt hunderttausend Arten, und fünfundzwanzigtausend davon waren bis dahin unbekannt. Dieser eindrucksvolle Fundus bildete die Grundlage der wissenschaftlichen Arbeit von Georges Baron de Cuvier.

Aber damit nicht genug: Hinzu kamen die schriftlichen Aufzeichnungen und die Arbeiten der Schiffszeichner, die den Ethnographen und Anthropologen wertvolle Materialien über die Aborigenes lieferten. Die beiden Fregatten von Nicolas Baudin, die *Géographe* und die *Naturaliste,* stießen unterwegs auf die *Investigator* des Engländers Matthew Flinders, der dem Kontinent *Australia* seinen Namen gab. Viermal war Baudin im Verlauf seiner Reisen länger als hundert Tage ununterbrochen auf dem Meer gesegelt, eine Zeitspanne, in der der Skorbut tödlich wurde.

Von August bis November 1801 lagen sie vor der holländischen Insel Timor vor Anker, bis sich die Kranken erholt hatten. Aber dann kam die Ruhr. Die Engländer hatten Baudin zwar inzwischen über seine Fehler in der Hygiene aufgeklärt, aber für die erschöpften, überanstrengten Mannschaften kam jede Hilfe zu spät. Baudin selbst starb als einer unter vielen am 16. September 1803 auf der Île de France.

Dreißig Jahre später wurde Auguste Nicolas Vaillant die Leitung einer Expedition auf der *Bonite* übertragen, während gleichzeitig zehn weitere Expeditionen stattfanden. Es vergingen noch einmal sechsundzwanzig Jahre bis zur Veröffentlichung der Ergebnisse dieser Reise. Waterloo und Napoleons Verbannung nach Sankt Helena markierten

Links:
Australischer Ureinwohner von Morore, Neuholland.

Unten:
Frau von der Insel Bruni im Süden von Van Diemen's Land (Tasmanien). Neuholland befand sich im heutigen Australien; die Westseite (Neusüdwales) befand sich in britischer Hand. Aquarelle von Nicolas-Martin Petit, Schiffsmaler und Zeichner für Baudin.

Rechte Seite:
Die erste Seite des historischen Reiseberichts von Schiffskapitän Nicolas Baudin, der die Korvetten *Géographe* und *Naturaliste* befehligte (1800–1801).

Journal du Capitaine de Vaisseau Nas Baudin Commandant en Chef des Corvettes le Géographe et le Naturaliste, Destinées par le Gouvernement à faire une Campagne de Reconnoissances et de Recherches dans Différentes Parties des Mers Australes./

Chapitre Premier.

Motifs qui ont donné lieu à faire cette Campagne. Raisons pour lesquelles le Directoire Exécutif, après en avoir adopté le Plan en a ajourné l'Exécution. Moyens employés pour décider le Nouveau Gouvernement à s'en occuper. Mémoire présenté et lu à l'Institut National dans les séances des Seize et Dix sept Ventose

Links:
Charles Darwin. Porträt von George Richmond, 1840. Darwin nach seiner Rückkehr an Bord der *Beagle* unter Robert Fitz-Roy (1831–1836).

Unten:
Wassertreter *(Lobipes lobatus)*. Aquarell von William Ellis. Cooks dritte Reise (1776–1780).

den Niedergang des französischen Imperiums. Der Krieg, der seit zwanzig Jahren in Europa wütete, fand ein Ende. Kaum war der Pariser Friede unterzeichnet, als der französische Marineminster der Regierung abermals ein Forschungsprogramm unterbreitete, und allein im Zeitraum von 1817 bis 1839 stachen neun Forschungsexpeditionen mit Kurs auf den Südpazifik in See.

Ebenso wie England unterhielt Frankreich über zwanzig Jahre hinweg fast ununterbrochen eine Fregatte, die ausschließlich für derlei Expeditionen eingesetzt wurde, manchmal waren es sogar zwei oder drei wie im Jahr 1838: die *Uranie* unter Louis-Claude de Saulses de Freycinet, die *Coquille* unter Louis Isidore Duperrey, die *Favorite* unter Pierre-Théodore Laplace und später unter Ferdinand Hamelin, die *Bonite* unter Auguste Nicolas Vaillant, die *Vénus* unter Abel Aubert Dupetit-Thouars, die *Astrolabe* unter Jules Dumont d'Urville, die *Héroïne* unter Jean-Baptiste Cécille und die *Artémise* unter Laplace. 1839 ging James Clark Ross als Kommandant der *Erebus* und *Terror* mit Kurs auf die Antarktis unter Segel. Im Rahmen der maritimen Expansionsbestrebungen Peters des Großen, den es nach Kamtschatka und zu den Kurilen zog, erkundeten zwischen 1803 und 1929 schließlich auch russische Expeditionen unter Adam Ivan von Krusenstern, Otto von Kotzebue, Fabian Bellingshausen und Fedor Petrovitch Lutke den nordpazifischen Raum und die Ränder der Antarktis.

Im 19. Jahrhundert verlagerte sich der thematische Schwerpunkt der Forschungsexpeditionen. In den offiziellen Instruktionen des Fregattenkapitäns de Freycinet von 1817 wurde das Studium der »Sitten und Gebräuche der wilden Völker« zwar ausdrücklich ausgeklammert, aber die Fülle wissenschaftlicher Daten führte dazu, die naturgeschichtliche Entwicklung, das Leben in all seinen Formen aus einem neuen Blickwinkel zu betrachten; nach der bloßen Erfassung der Arten beschäftigte man sich nun auch mit der Organisation der Lebensformen. Der französische Naturforscher Jean-Baptiste de Lamarck legte 1809 den Grundstein zur Evolutions-

Unten:
Der Indische Ozean auf einer Karte von Bertrand-François Mahé de La Bourdonnais, 1750. Er war Offizier der Indischen Kompanie und wurde 1734 zum Gouverneur von Île de France (Mauritius) und Bourbon (La Réunion) ernannt, wo er bleibende Spuren hinterließ. Er skizzierte die Karte auf sein Taschentuch.

Hintergrund-Illustration: Umrisse einer am 17. März 1792 gesichteten Insel. Unter d'Entrecasteaux passierten die *Recherche* und die *Espérance* auf dem Weg nach Tasmanien bei stürmischer See die Inseln Saint-Paul und Amsterdam. Zeichnung von D. Pierson, Astronom und Geistlicher an Bord der *Espérance*.

theorie, was später zu dem so genannten Pariser Akademiestreit zwischen Georges Cuvier und Geoffroy Saint-Hilaire führen sollte. Und dann kam Charles Darwin. Als Cambridge-Student schiffte er sich als Ersatz für seinen unabkömmlichen Lehrer an Bord der *Beagle* unter Robert Fitz-Roy ein. Er war 27 Jahre alt, als er 1836 von seiner langen Reise zurückkehrte, alt genug, um die Gelehrtenwelt mit seinen Thesen über die Entstehung der Arten in Aufruhr zu versetzen.

RAUM UND ZEIT

Die Längengradbestimmung hatte schon die Seefahrer der Antike beschäftigt, und nun war man fieberhaft auf der Suche nach einer Methode, mit deren Hilfe sich das Problem lösen ließ. Große Observatorien wurden zu diesem Zweck errichtet, und die Briten setzten im *Longitude Act* ein Preisgeld aus. In den sechziger und siebziger Jahren des 18. Jahrhunderts war es dann so weit. Die beiden Wege, über die sich der Längengrad ermitteln ließ, führten über die Astronomie und die Uhrmacherkunst. Was die Bestimmung der Längen so kompliziert machte, war die Rotation der Erde um ihre eigene Achse. Die Anzahl der Längengrade zwischen zwei Punkten der Erdhalbkugel entspricht einem Zeitunterschied, der sich nach dem jeweiligen Sonnenstand berechnen lässt, denn die Sonne »bewegt sich« um 360 Grad innerhalb von vierundzwanzig Stunden oder um 15 Grad in einer Stunde.

Um den Zeitunterschied zwischen zwei geographischen Punkten auf dem Meer zu bestimmen, ging man auf zweierlei Weise vor. Zum einen wurde die Ortszeit mit der Zeit des Ausgangshafens oder des Ausgangsmeridians verglichen. Während sich die Lokalzeit relativ leicht nach dem Sonnenstand bestimmen ließ, war für die

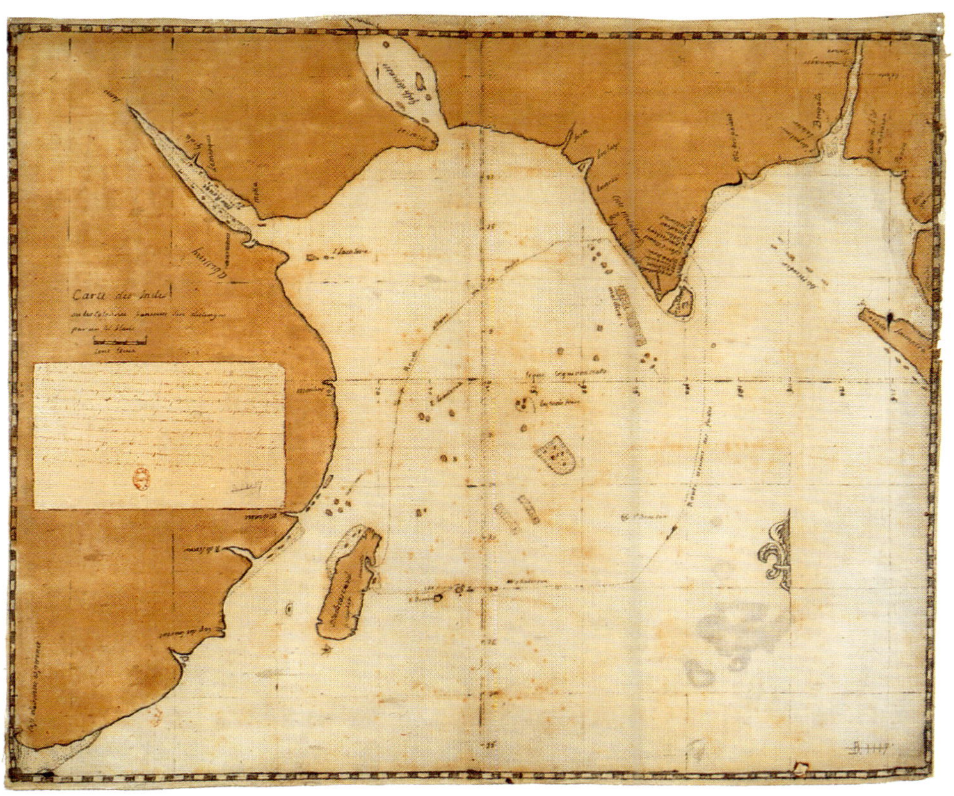

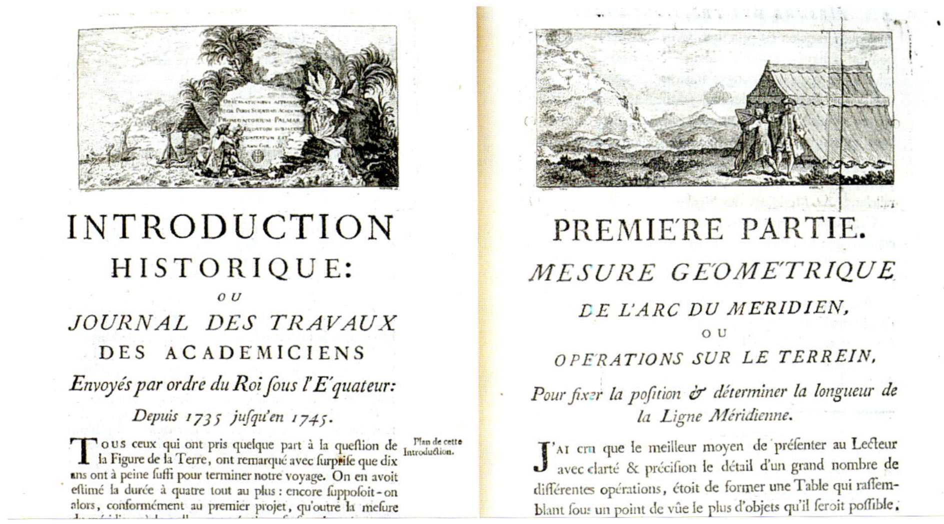

INTRODUCTION
HISTORIQUE:
OU
JOURNAL DES TRAVAUX
DES ACADEMICIENS
Envoyés par ordre du Roi ſous l'E'quateur:
Depuis 1735 juſqu'en 1745.

Tous ceux qui ont pris quelque part à la queſtion de la Figure de la Terre, ont remarqué avec ſurpriſe que dix ans ont à peine ſuffi pour terminer notre voyage. On en avoit eſtimé la durée à quatre tout au plus : encore ſuppoſoit-on alors, conformément au premier projet, qu'outre la meſure

Plan de cette Introduction.

PREMIE'RE PARTIE.
MESURE GE'OME'TRIQUE
DE L'ARC DU MERIDIEN,
OU
OPERATIONS SUR LE TERREIN,
Pour fixer la poſition & déterminer la longueur de la Ligne Méridienne.

J'ai cru que le meilleur moyen de préſenter au Lecteur avec clarté & préciſion le détail d'un grand nombre de différentes opérations, étoit de former une Table qui raſſemblant ſous un point de vûe le plus d'objets qu'il ſeroit poſſible,

Ermittlung der Zeit des Ausgangshafens (oder Ausgangsmeridians) jedoch ein transportabler Zeitmesser erforderlich, der außerdem in der Lage sein musste, auch unter ungünstigen Betriebsbedingungen, starken Temperaturschwankungen und unruhigem Seegang, über Wochen und Monate hinweg gleichmäßig und zuverlässig zu arbeiten. Mitte des 19. Jahrhunderts waren die Uhrmacher allerdings noch nicht in der Lage, eine solche Uhr herzustellen.

Bei der anderen Methode wurde die Ortszeit nach einer auffälligen Sternenkonstellation bestimmt, um dann mit Hilfe der Ephemeriden zu ermitteln, wann diese Konstellation am Ausgangsort oder am Ursprungsmeridian zu sehen war oder noch zu sehen sein würde. Allerdings hatte diese Methode den Nachteil, dass sie sich nicht bei Mondfinsternissen anwenden ließ und die Mitnahme von sperrigen Fernrohren, Tabellen und Präzisionsinstrumenten erforderte.

Die neuen Methoden zur Ermittlung der Längengrade kamen den Seefahrern sehr gelegen, denn sie hatten die Aufgabe, die Fehler der bestehenden Weltkarten zu berichtigen. Auf seiner zweiten Reise hatte James Cook eine getreue Kopie des ersten zuverlässigen Chronometers an Bord. Dreißig Jahre hatte der englische Uhrmacher John Harrison gebraucht, um diese Uhr zu anzufertigen. Cook lobte den Chronometer als seinen »zuverlässigen Begleiter« und bedankte sich bei den Urhebern: »Meine ganze Anerkennung gilt den Herren Kendall und Harrison für diesen nützlichen Zeitmesser, der sich als ungemein zuverlässig erweist.«

Lapérouse, der die Chronometer aus der Werkstatt von Ferdinand Berthoud mitführte, war ebenfalls hoch erfreut: »Wir haben die Gewissheit, dass die Abweichung der Längengradbestimmung nach dem Abstand des Mondes gegen die Sonne niemals größer war als ein Viertelgrad. So hatten wir nur die Ungenauigkeiten der Mondtafeln zu berücksichtigen. Wir konnten also unserer Berechnungen sicher sein, und wir führten fast täglich Messungen durch, um die Verlässlichkeit der

Links:
Titelblätter aus dem Handbuch von Charles-Marie de La Condamine über die Längenbestimmung eines Meridians während einer Expedition nach Peru (1751). Die Triangulationen wurden unter der Aufsicht des Astronomen Louis Godin von 1736 bis 1743 in Ecuador durchgeführt. Eine ähnliche Expedition ging nach Lappland, um die Erdabflachung an den Polen zu untersuchen.

Unten:
Küstenverlauf der Insel Timor, 21. Oktober 1792. D'Entrecasteaux suchte die Gewässer zwischen Neuguinea und Celebes unter extremen klimatischen Bedingungen nach der verschollenen Lapérouse-Expedition ab; dabei wurde die Besatzung seiner Expedition stark dezimiert. Zeichnung von D. Pierson, Astronom und Geistlicher an Bord der *Espérance*.

Rechte Seite:
Zwei Seiten aus dem Logbuch der *Espérance*, datiert auf den 19. und 20. Oktober 1792. Der Verfasser war D. Pierson.

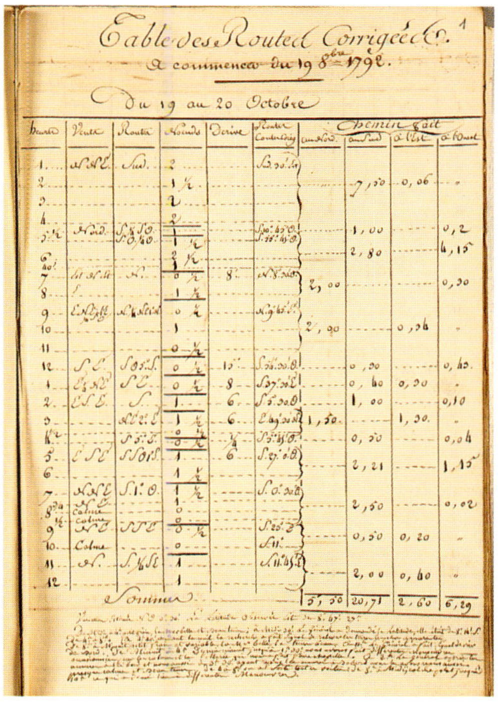

Schiffsuhr zu überprüfen, indem wir die Ergebnisse mit den Werten der Mondtafeln verglichen. Nach diesen Sicherheitsvorkehrungen habe ich die Gewähr, dass die von uns ermittelten Werte ein Maß an Genauigkeit erreicht haben, das wissenschaftlichen und seemännischen Anforderungen gerecht wird.« Und Lapérouse fügte hinzu: »Die Präzision dieser neuen Methoden ist erstaunlich; in einem Jahrhundert wird man so weit sein, jeden Punkt der Erde exakt bestimmen zu können, und die Geographie wird einen größeren Fortschritt erfahren, als sie ihn je in früheren Jahrhunderten erlebt hat.« Der letzte Brief, den Lapérouse den Briten in Sydney übergab, ging an den Planer der Reise, Charles-Pierre Claret de Fleurieu, der sich als Pionier wissenschaftlicher Expeditionen hervorgetan hatte. In diesem Schreiben kommt er nochmals auf die neuen Hilfsmittel der Navigation zurück. »Mir ist genug Ihnen zu sagen, dass (die Kombination unserer beider Mittel) die Betrachtungen der Entfernungen und der Seeuhren die Aufgabe vollkommen gelöst hat: Wir haben stets mit weniger Irrtum in der Länge geschifft, als man vor zehn Jahren in der Breite hatte.« Nachdem das Problem der Längengradbestimmung gelöst und die Kartierungsmethoden verbessert worden waren, verlagerten sich die Forschungsschwerpunkte

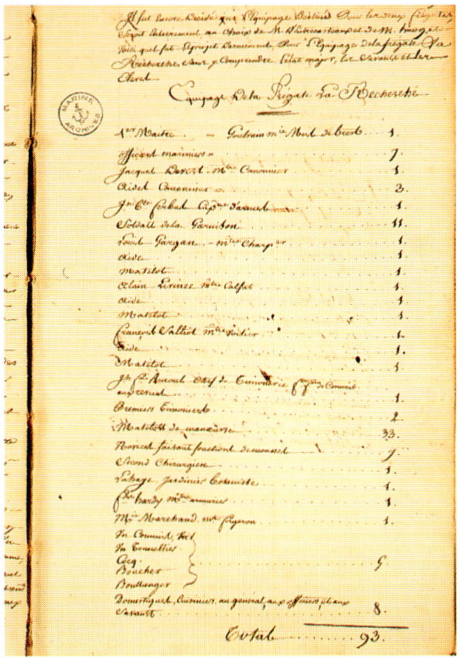

auf die Weiterentwicklung des nautischen Wissens, der physikalischen Gegebenheiten der Erdkugel und des Erdmagnetismus. Die theoretischen Aufzeichnungen des Engländers Flinders über die magnetische Abweichung brachten die Kompasstechnik ein gutes Stück weiter. Die Navigation war eine beinahe exakte Wissenschaft. Die Seefahrer fühlten sich berufen, die vorhandenen Landkarten zu berichtigen, mit alten Mythen und abergläubischen Vorstellungen aufzuräumen und dafür zu sorgen, dass jedes Land auf der Weltkarte an seinem richtigen Platz eingetragen wurde. Sie selbst mussten hingegen immer noch nach ungenauen

Dessiné d'après nature
Par Duché de Vancy
en Juillet
1786.

Linke Seite, oben:
In der Bucht von Port-des-Français. Tuschezeichnung von Fregattenleutnant Blondela, Schiffszeichner der *Astrolabe.*

Linke Seite, unten:
Blick von Port des Français auf Nordwestamerika. Tuschezeichnung von Duché de Vancy, Landschaftszeichner an Bord der *Boussole.* Die Reise des Lapérouse (1785–1788). Beide Fregatten ankerten vom 3. bis 30. Juli 1786 in Port-des-Français in Alaska (Lityua Bay). Lapérouse suchte nach einer Durchfahrt nach Westen, eine Idee, von der die Geographen im 18. Jahrhundert besessen waren.

Rechts unten:
Ludwig XVI. gibt Lapérouse am 26. Juni 1785 seine Instruktionen. Marineminister Marschall de Castries (hinter dem König) hat ein Exemplar der königlichen Instruktionen für Sieur de La Pérouse griffbereit. Die Organisation der Reise war ein persönliches Anliegen des Königs. Gemälde von Nicolas-André Monsiau (1817).

Karten navigieren und für die Fehler der anderen bezahlen. Nur wenige Wochen nachdem sich Lapérouse so lobend über seine neue Schiffsuhr geäußert hatte, kenterten die *Astrolabe* und die *Boussole* vor einer der letzten unentdeckten Inseln des Pazifiks – Vanikoro.

SPIELBALL DER MEERE

Im Zeitalter der Segelschifffahrt waren Schiffsunglücke keine Seltenheit, vor allem nicht beim Durchqueren des von zahlreichen Korallenriffen durchsetzten Pazifischen Ozeans. Die Logbücher sind voll von angsterfüllten Schilderungen solcher Vorkommnisse. Im Juli 1786 konnte Lapérouse knapp einer Katastrophe entkommen: Als er in der Bucht von Port-des-Français (Lituya Bay) in Alaska vor Anker gehen wollte, wurden die Schiffe von den Strömungen erfasst und mitgerissen. »Seit dreißig Jahren befahre ich die Meere, aber hier hätte ich zum ersten Mal um Haaresbreite zwei Schiffe verloren.« Bevor er die Bucht verließ, wollte er die Durchfahrt untersuchen lassen und entsandte zu diesem Zweck drei Boote. »Gegen zehn Uhr vormittags sah ich unser kleines Boot ganz allein zurückkommen. Dies befremdete mich, da ich gar nicht darauf gerechnet hatte, dass diese Zurückkunft so früh erfolgen werde. Ich fragte daher Herrn Boutin, ehe er noch zu mir an Bord kam, ob er mir etwas Neues zu hinterbringen habe, denn in der ersten Überraschung besorgte ich, unsere Leute möchten vielleicht von den Wilden überfallen worden sein. Herr Boutin sah eben nicht so aus, als wenn er mich zu beruhigen gedächte, denn in allen seinen Gesichtszügen nahm ich den lebhaftesten Schmerz wahr (...).« Leutnant Charles-Marie de Boutin, der die drei Boote zum Auskundschaften der Durchfahrt kommandierte, erstattete seinem Kommandanten Bericht

über die Geschehnisse. »So geriet er (...) mitten in die Wellen, welche in die Einfahrt der Bay hineinschlugen. (....) Jetzt kam er auf den Einfall, das Hintertheil seines Bootes gegen die Wogen zu kehren, wodurch er (...) erreichte, dass es von hinten her durch die Flut aus der Einfahrt getrieben wurde. Gleich darauf bemerkte er, dass sich die Wogen vor dem Boote her wälzten und es in die offene See führten. Da es ihm nunmehr um die Erhaltung seiner Kameraden als um sein eigenes Wohl zu tun war, so schiffte er dicht am Saum der Meereswogen hin, in der Hoffnung, vielleicht noch den einen oder den anderen retten zu können. Ja, er wollte sich sogar wieder mitten in dieselben hinein wagen, ward aber von der Springflut zurückgetrieben. (...) Er sah nichts (...). Als dies geschah, befand sich Herr de Marchainville eine starke Viertelmeile von dem Orte der Gefahr, das heißt, an einer Stelle, wo die See so ganz ruhig und still war, wie in dem sichersten Hafen. Allein dieser junge Offizier wagte eine Handlung, die zwar, weil hier weder Hülfe noch Beistand stattfinden konnte, nicht gehörig überdacht, an sich aber höchst edel war. (...) Dem zufolge wagte er sich in eben die Fluten, mit welchen sie kämpften, und starb als Opfer seines Edelmuts.«

Fünfzehn Männer der Besatzung und sechs Offiziere, darunter die beiden Brüder La Borde, hatten ihr Leben geopfert. Und die Reise hatte erst begonnen.

Chevalier d'Entrecasteaux, der auf Anweisung der Konstituierenden Versammlung auf der Suche nach dem verschollenen Lapérouse acht Jahre später in den Gewässern vor der Südküste Neukaledoniens kreuzte, kam mit dem Schrecken davon: »Als der Morgen graute, sahen wir, dass wir von Riffen umgeben waren und kaum Platz zum Manövrieren hatten; der Wind blies sehr heftig, und die Wellen waren sehr hoch. Dreimal versuchten wir, gegen den Wind zu wenden, um dem Fährnis auszuweichen, von dem wir nur noch fünf Kabellängen entfernt waren, und dreimal sind wir abgefallen, bevor wir die Windseite wechseln konnten. Beim vierten Mal fierten wir die Leine der Fock, um schneller manövrieren zu können: Das war die Rettung in letzter Minute, denn wir hätten keinen Platz gehabt, um zu halsen, auch nicht mit backgehaltenem Vorsegel.«

Vorhergehende Doppelseite:
Schiffbrüchige Schaluppen in Port-des-Français. Am 13. Juli 1786 wurden drei Boote während der Untersuchung der Einfahrt in die Bucht von Port-des-Français von heftigen Strömungen mitgerissen. Einundzwanzig Offiziere, Seeleute und Soldaten kamen ums Leben. Gemälde von Louis-Philippe Crépin (1772–1851).

Links:
Bizarr geformte Eisbänke verwehren den Zugang zu den Inseln. Im Januar 1838 waren die *Astrolabe* und die *Zélée* im Weddellmeer auf 65° südlicher Breite im Eis gefangen. Lithographie nach Louis Le Breton. Atlas der zweiten Reise von Dumont d'Urville (1837–1840).

Rechte Seite:
Ansicht und Karte der Matthew-Insel im Korallenmeer, angefertigt von Schiffsleutnant Pierre-Édouard Guilbert an Bord der *Astrolabe*. Januar 1828. Atlas der ersten Reise von Dumont d'Urville (1826–1829).

Le Volcan Mathew à trois milles et demi de distance et au Nord du Monde.

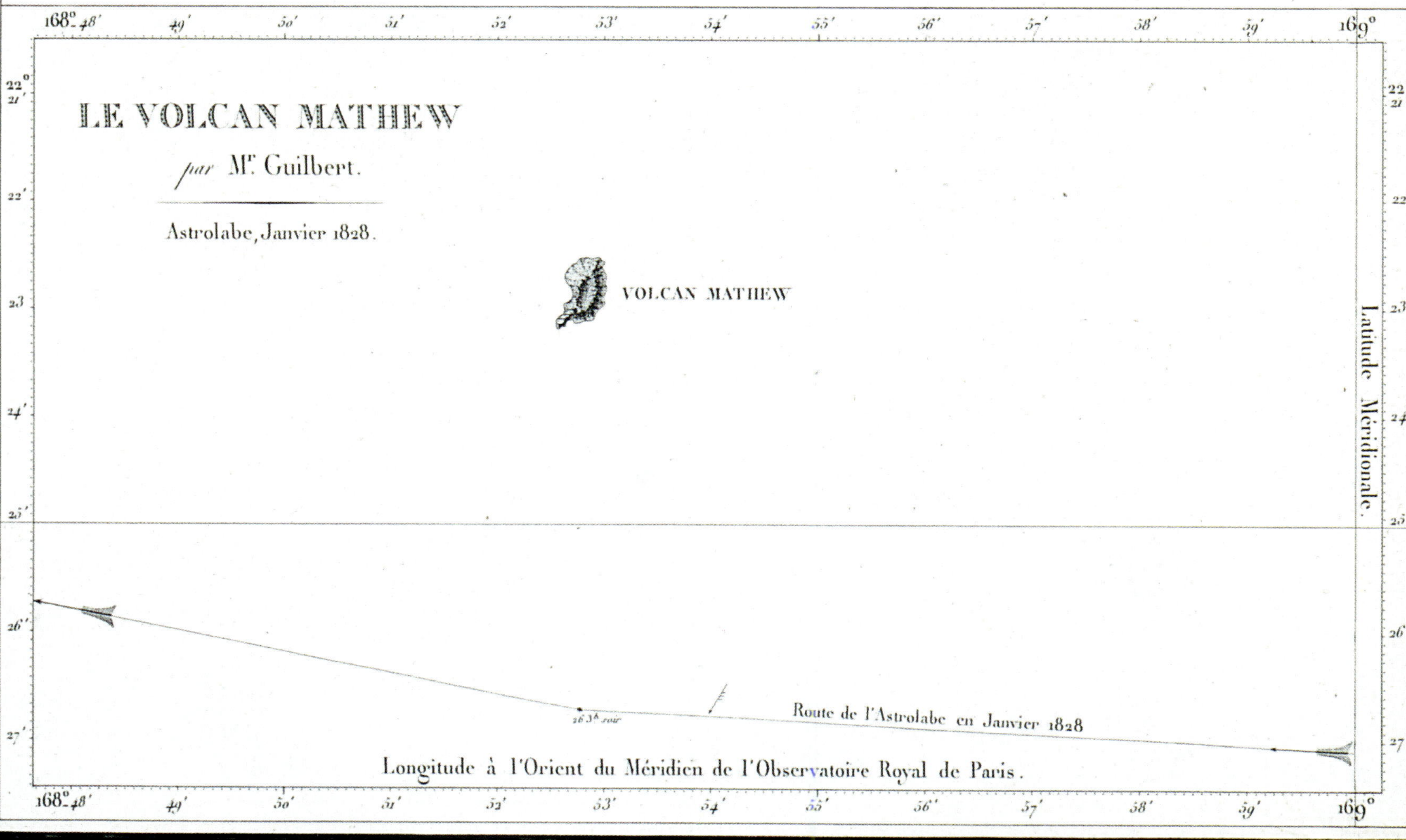

Dumont d'Urville entkam ebenfalls nur knapp einer Katastrophe, als er mit der *Astrolabe* auf der Suche nach Lapérouse bei stürmischer See in den Gewässern vor Tonga-Tabu kreuzte. Zwei Tage dauerte die kritische Situation, als das Wetter unversehens umschlug und man die Fregatte wieder flott machen konnte. Die Todesängste waren rasch Vergangenheit. »Vor zwei Tagen hätte ich mir nichts sehnlicher gewünscht, als mich aus diesen Riffen zu befreien und auf direktestem Wege einen beliebigen Hafen in Peru oder Chile anzusteuern, um die Schäden auszubessern. Aber nun, da sich meine Hoffnungen durch eine glückliche Fügung erfüllt haben, würde ich am liebsten weitersegeln, als ob diese Prüfung nie stattgefunden hätte.«
Im Wasser waren die Maoris in ihrem Element. In ihren Auslegerbooten schwärmten sie aus zu den Ankerplätzen, wo die Fregatten aus Europa lagen. Ihre innige Verbindung mit dem Meer war für die Europäer völlig unbegreiflich. Denn zu dieser Zeit wurde das Baden im Meer, selbst unter den wachenden Augen von hervorragenden Schwimmern, noch als riskant angesehen. Auch der Historiker Jules Michelet hatte im Jahr 1861 entschieden davor gewarnt. Im Jahr 1774 weilte James Cook in Tahiti, als er Zeuge eines eindrucksvollen Schauspiels wurde: Die Kriegsschiffe der Maoris versammelten sich im Hafen. Cooks Schiffsmaler William Hodges bannte die mächtigen *pahi* für die Nachwelt auf seine Leinwand. »Die Kriegsflotte bestand aus 160 langen Doppelkanus, sehr gut ausgerüstet, bemannt und bewaffnet. (...) Der Häuptling und alle anderen auf den Gefechtsstationen waren in ihren Kriegshabitus gekleidet, i. e. in eine riesige Menge Stoffes, Turbane, Brustplatten und Helme, deren letztere teilweise von solcher Länge sind, dass sie ihren Träger auf das Höchste behindern: In der Tat scheint ihre gesamte Kleidung schlecht gewählt für den Kampf, und sie scheint mehr für die Schau denn für den Gebrauch bestimmt; sei es, wie es wolle: Sie gaben sicher dem ganzen Anblick eine gewisse Würde, so als seien sie bemüht, sich selbst von ihrer besten Seite zu zeigen, ihre Schiffe waren geschmückt mit Flaggen, Wimpeln etc., sodass das Ganze einen großartigen und vornehmen Eindruck machte, wie zuvor solches nie in diesem Meer geschaut wurde; ihre Kriegsausrüstung bestand aus Keulen, Spießen und Steinen. Die Kanus waren nahe zusammengefahren. Seite an Seite, mit den Bugs zum

Linke Seite:
Kriegsschiffe in Tahiti. Sammlung der Kriegsflotte von O-Too in O-Parae (Tahiti). Gemälde von William Hodges, 1774.

Hintergrund-Illustration:
Nataï. Porträt eines neuseeländischen Häuptlings, 1827. Lithographie von Sainson und Maurin, 1833. Atlas der ersten Reise von Dumont d'Urville (1826–1829).

Rechts:
Meerespiroge von den Fidschis in einem Unterstand auf der Insel Vavao, 1827. Lithographie nach Louis-Auguste de Sainson. Atlas der ersten Reise von Dumont d'Urville (1826–1829).

Strand und dem Heck zur See: Des Admirals Schiff befand sich, soweit ich das abschätzen konnte, in der Mitte. Neben diesen Kriegsschiffen befanden sich 170 Segel kleinerer Doppelkanus, die alle ein kleines Haus trugen und mit Masten und Segeln ausgerüstet waren, deren die anderen entbehrten: Diese Kanus müssen wohl Transporter oder Versorgungsschiffe oder beides sein und gleichzeitig die Aufgabe haben, Verwundete etc. aufzunehmen.«

Aber auch sonst hatte das Meer den Neuankömmlingen einiges zu bieten. Leutnant James King, der Cook auf der *Resolution* begleitete und nach dessen Ermordung 1779 in Owhyhee (Hawaii) die Logbücher vollendete, traute seinen Augen nicht, als er entdeckte, wie sich die Einheimischen in der Karakooa-Bai in den Wellen amüsierten. »Wenn die Brecher nach einem Sturm ihren Höhepunkt überschritten haben, versammeln sich zwanzig bis dreißig Männer am Strand; jeder davon hat ein schmales langes Brett mit abgerundeten Enden. Sie nehmen die erste Welle und tauchen unter. Nach der Brandung, da, wo das Meer ruhiger ist, stellen sie sich auf ihre Bretter und versuchen, an den Strand zurückzugelangen. Die Brandung ist so aufgebaut, dass die dritte Welle immer die größte ist und daher am weitesten ausrollt (...), dann versuchen sie, sich auf ihren Brettern auf den Kamm der Welle zu setzen und sich von ihr in rasender Geschwindigkeit an den Strand zurücktragen zu lassen.« Leutnant King meinte, das Wellenreiten müsse eine angeborene Fähigkeit sein, weil sich in Hawaii schon die Kleinkinder wie ein Fisch im Wasser tummelten.

REISEN ANS ENDE DER NACHT

Von Ende September 1787 bis Ende Januar 1788 überquerte Lapérouse von Kamtschatka aus zum dritten Mal den Pazifik und nahm Kurs auf den Kontinent, der später den Namen Australien erhielt. Vier Monate war er ohne Unterbrechung auf dem Meer; nur auf den Salomonen gönnte er der Flotte ein paar Tage Rast. Die kleinen Schiffe, die seit zwei Jahren einiges mitgemacht hatten, schwankten von einer Seite zur anderen, die Wellen krachten von längsseits mit voller Wucht dagegen, malträtierten die Masten und raubten den Männern die letzte Kraft. Lassen wir dazu das

Logbuch zu Wort kommen. 28. September: »Kann man glauben, dass von Würmern so durchnagter Zwieback, der bisweilen einer Honigwabe gleichet, dass Fleisch, dessen ganze Substanz ein scharfes Salz durchfressen hat, und Gemüse, die durchaus vertrocknet und verschlechtert sind, den täglichen Verlust ersetzen können?«
6. November: »Wir waren gar sehr von dem hohen Wogengange aus Osten ermüdet, der, wie der aus Westen in den Atlantischen Ozean, beständig auf diesem weiten Meere herrscht, und fanden weder Boniten noch Doraden, kaum sahen wir einige fliegende Fische.« 9. November: »Die Hitze war erstickend, und der Hygrometer hatte nie mehr Feuchtigkeit seit unserer Abreise aus Europa angegeben; wir atmeten eine Luft ohne Schnellkraft, die, verbunden mit den schlechten Nahrungsmitteln, unsere Kräfte abspannte und uns beinahe untüchtig zu mühseligen Arbeiten gemacht hätte, wenn die Umstände sie erfordert hätten.«
21. November: »Nichts durchbrach die Eintönigkeit dieser langen Fahrt (...), eine weite Öde um uns herum. Die Luft und die Gewässer dieses Teils der Erde waren ohne Bewohner.«
23. November: »Eine große hohle See von Westen machte unsere Fahrt äußerst beschwerlich; unser Tauwerk, das durch die beständige Feuchtigkeit während unserer Fahrt an der tartarischen Küste mürbe wurde, brach alle Augenblick, und wir nahmen nur in der äußersten Not anderes an seiner Stelle, aus Furcht, sie möchten uns fehlen.«

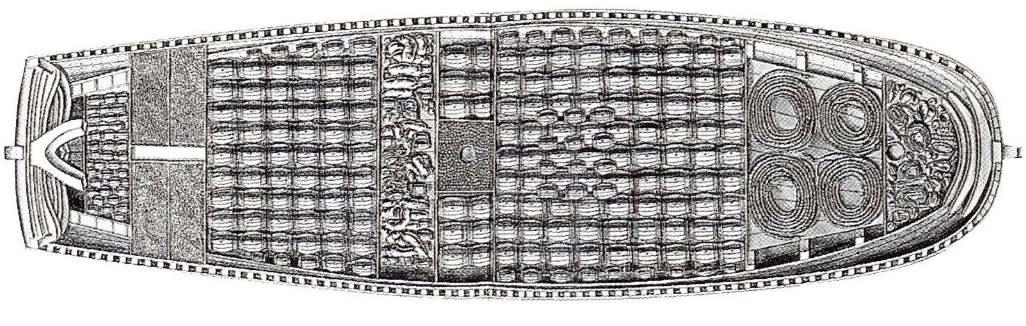

Links oben:
Die Schiffe *Recherche* und *Espérance* von Joseph-Antoine Bruny d'Entrecasteaux. Aquarell von Frédéric Roux (1805–1874).

Links:
Ladeplan.

Rechts:
Längsschnitt durch ein Schiff. Album Colbert, 17. Jahrhundert.

1. coupe des plattes varangues, ou
varangue de fonds entre les façons 2. coupe des
varangues ou fourches aculées de lauant 3. carlingue ou
contrequille 4. laquille 5. lestambot 6. gouuernail 7. lestraue 8. la hauteur du lest 9.
la coupe des baux 10. les courbes 11. gorgere de poulain 12. les flesches 13. les cerpes 14.
les courbes de la poulaine 15. larimage des boutes 16. larchipompe 17. les pompes
18. souttes aux poudres 19. caisse aux gargousses 20. fosse aux cables 21.
caisse aux gargousses vers lauant 22. sep de grand drisse 23. Escoutilles
24. faux ponts 25. soutte au pain 26. cordor pour la distribution
desdites souttes 27. galleries pour Remedier aux coups de canons
28. plancher pour la distribution des victuailles 29. chambre aux
voilles 30. fosse aux lions 31. Escoutille pour la soutte aux poudres
32. chambre pour le rechange du canonnier 33 premier pont 34
sainte barbe 35. barre du gouuernail 36. canons des premieres batteries
montes sur leurs affus 37. Escalliers pour monter dun pont a lautre
38. cabestan double 39. grand mast coupe par le milieu ou se void
lassemblage des jumelles auec la meche 40. les b sles soubz le pont
41. les premieres et secondes bittes 42. cabestan 43. mast de
mizaine coupe de mesme que le grand mast 44 mast de beaupre 45. la
gatte 46. les amarres dans les Escubiers 47. deuxieme pont 48. chambre
des volontaires 49. offices 50. Escalliers 51. drisse de grand vergue 52.
mast dartimon 53. les parqs pour les moutons 54. cages pour les poulles
55. cuisines 56. fours 57. troisieme pont 58. chambre du conseil 59.
chambre des officiers 60. corps de garde 61. balustres pour le
mouuement de la manuelle du gouuernail 62. bitte ou samarrent
les grands bras 63. les canons dehors montes sur leurs affus
64 bras ou oursse au bout de la vergues dartimon 65.
Bitte pour Escouttes de mizaine 66. bitte pour bosse
dancre 67. grue ou bossoir dancre 68. Escoutte
de grand voille 69. Escouets 70. cargues
71. Escouttes de mizaine 72. Escouets
73. cargues,

Wenn man von den Hungersnöten absieht, die den Seeleuten entsetzliche Prüfungen abverlangten, wie sie in Magellans Logbüchern beschrieben sind, war die Verpflegung an Bord von einer trostlosen Einförmigkeit. Als lebenden Proviant nahm man Geflügel und sonstiges Schlachtvieh mit, das allerdings viel Platz an Bord beanspruchte. Ansonsten gab es frisches Gemüse, das in kürzester Zeit faulig wurde, außerdem gedörrtes Obst und natürlich den unvermeidlichen, von Würmern und Insekten ausgehöhlten Schiffszwieback. Louis-Antoine de Saint-Germain, bissiger Schiffsschreiber von Bougainville und durchaus dessen Kritiker, schrieb mit dem für ihn typischen Galgenhumor: »Habe gestern mit dem Prinzen von Nassau eine Ratte geteilt, die uns vortrefflich mundete.«

Und hier noch einmal Bougainville: »Die verdorbene Nahrung stank entsetzlich, und was wir am meisten fürchteten, war der Gong, der uns zu dieser ekelhaften, ungesunden Mahlzeit rief.« Selbst das Trinkwasser hatte einen fauligen Geruch, wegen der natürlichen chemischen Reaktionen, die das organische Holz der Fässer durch die Transformation der im Quellwasser enthaltenen Sulfate hervorrief.

An Bord wurde gern und viel geschrieben, vom Logbuch über die offiziellen Berichte, persönlichen Tagebücher und privaten Briefe, die den Angehörigen daheim gute oder schlechte Nachrichten überbrachten. Der Skythe Anacharsis hatte den Zustand dieser Männer »zwischen Leben und Tod« treffend charakterisiert. In der Tat schwebten sie, getrennt von ihrer vertrauten Umgebung, in einem Niemandsland. Sie waren isoliert von den Menschen, ohne Nachrichten von ihren Familien und ihrer Gesellschaft. Wenn ein Brief aus der Heimat sie einmal irgendwo erreichte, muss er ihnen wie ein Geschenk des Himmels erschienen sein.

Als d'Entrecasteaux im Juni 1793 die Inseln in der Umgebung von Neuguinea und den Salomonen nach der verschollenen Lapérouse-Expedition absuchte, brach eine Epidemie an Bord aus, und er sah sich gezwungen, die Insel Java anzusteuern. Unter den Opfern befand sich der Kommandant der *Espérance*, Jean-Michel Huon de Kermadec, und der Admiral selbst starb noch während der Überfahrt. Hesmivy d'Auribeau übernahm das Kommando. Im Morgengrauen erreichte er am 19. Oktober die Insel Surabaya und sandte ein Boot an den holländischen Gouverneur, um ihn für seine kranken Männer um Hilfe und Asyl zu ersuchen. Auf den Molukken hatte er vor geraumer Zeit erfahren, dass Frankreich gegen Österreich Krieg führte; aber er besaß einen Passierschein, den ihm die Generalstände in

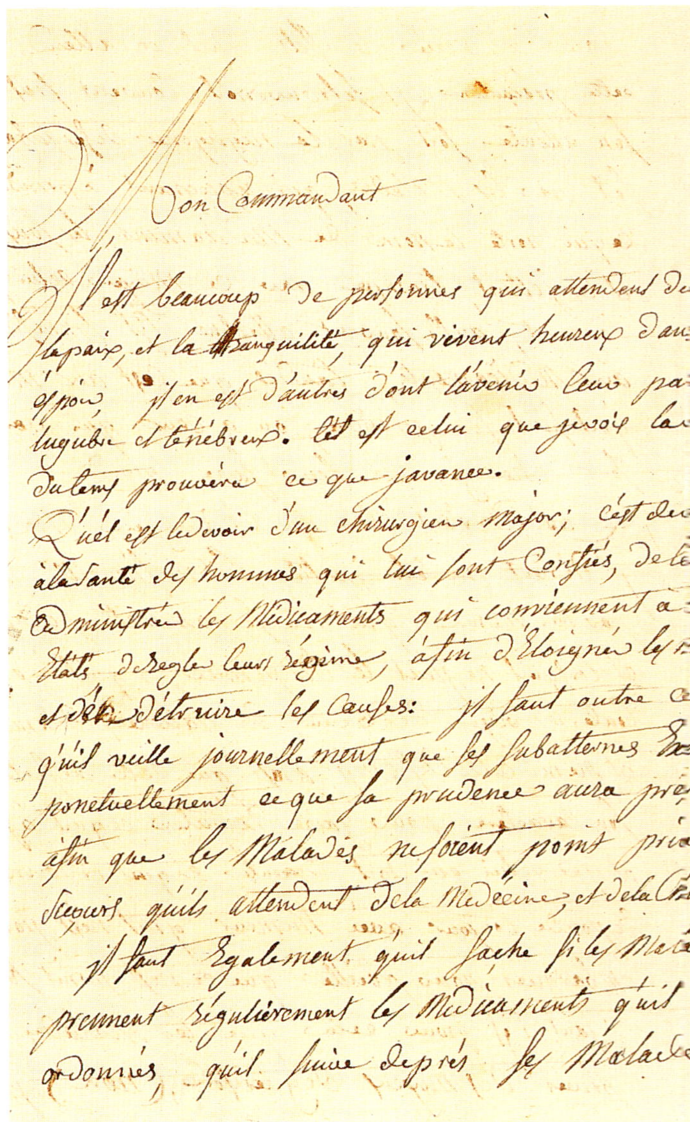
Mon Commandant
Il est beaucoup de personnes qui attendent de
la paix, et la tranquilité, qui vivent heureux dan
espoir, il en est d'autres dont l'avenir leur par
lugubre et ténébreux. Cet est celui que je vois la
du temps prouvera ce que j'avance.
Quel est le devoir d'un chirurgien major; c'est de
à la santé des hommes qui lui sont confiés, de le
administrer les Médicaments qui conviennent à
états de regler leurs régime, afin d'éloigner les
et de détruire les causes: il faut outre ce
qu'il veille journellement que ses subalternes
ponctuellement ce que sa prudence aura pre
afin que les malades ne soient point pri
secours qu'ils attendent de la Médecine, et de la Ch
il faut également qu'il sache si les mala
prennent régulièrement les Médicaments qu'il
ordonnés, qu'il suive de près ses Malades

Unten:
Brief des zweiten Schiffsarztes Gauffre an Kapitän zur See Hesmivy d'Auribeau an Bord der *Espérance* vom 12. August 1793. Die drei Kommandanten der Expedition, die nach dem verschollenen Lapérouse suchte, starben während der Reise.

Unten:
Seite aus: *Relation de deux voyages dans les Mers Australes et aux Indes, faits par M. de Kerguelen* (1782).

Hintergrund-Illustration:
Aufbruch von Saint-Croix am 23. April 1816.

La Haye speziell für diese Mission ausgestellt hatten. Am Morgen des 25. Oktober überbrachte ihm ein Malaie die Nachricht des ausgesandten Offiziers: »Ich bin Kriegsgefangener. Frankreich befindet ich im Krieg gegen Holland und die übrigen Staaten Europas. Die Nationalversammlung wurde aufgelöst, und ein Nationalkonvent hat die oberste Macht übernommen, ohne von der Nation eingesetzt worden zu sein. Unser Vaterland, zur Hälfte von ausländischen Armeen besetzt, ist ein Opfer der Anarchisten und Aufständischen, es wird von einem Bürgerkrieg zerrissen. Man hat den König enthauptet.« Die letzten Überlebenden dieser Expedition wurden von den Wellen der Revolution erfasst. Auribeau, der letzte Kommandant dieser Notgemeinschaft, starb unerwartet am 29. August. In Surabaya ging das Gerücht, man habe ihm Gift gegeben.

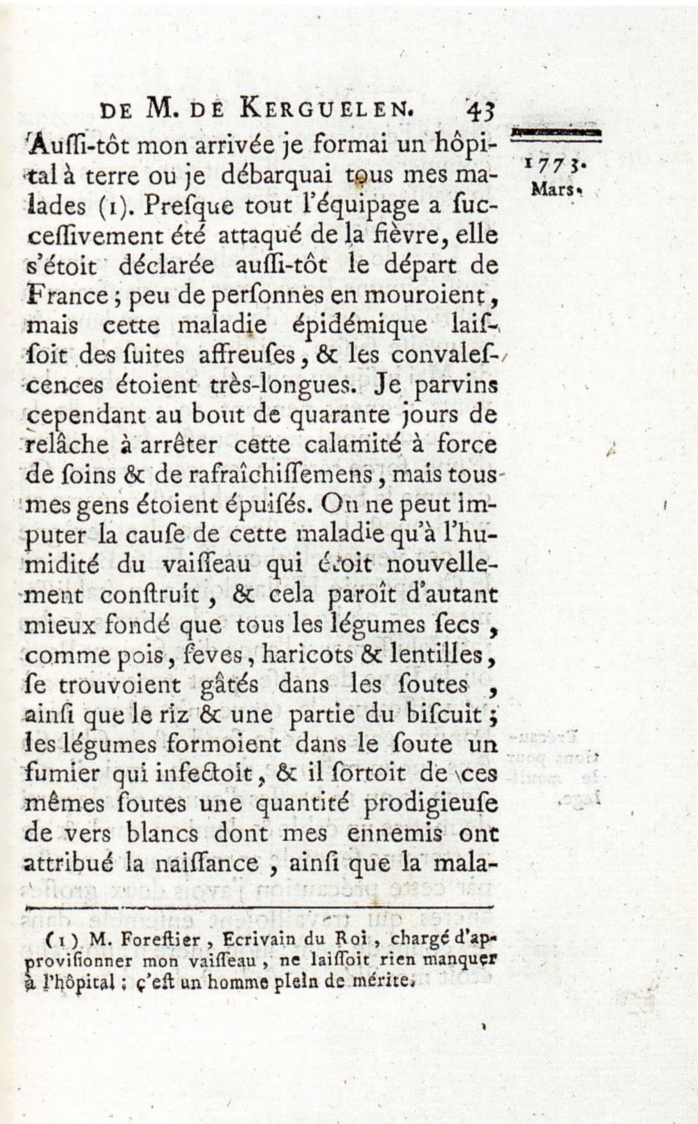
DE M. DE KERGUELEN. 43

1773. Mars.

Auſſi-tôt mon arrivée je formai un hôpital à terre ou je débarquai tous mes malades (1). Preſque tout l'équipage a ſucceſſivement été attaqué de la fièvre, elle s'étoit déclarée auſſi-tôt le départ de France; peu de perſonnes en mouroient, mais cette maladie épidémique laiſſoit des ſuites affreuſes, & les convaleſcences étoient très-longues. Je parvins cependant au bout de quarante jours de relâche à arrêter cette calamité à force de ſoins & de rafraîchiſſemens, mais tous mes gens étoient épuiſés. On ne peut imputer la cauſe de cette maladie qu'à l'humidité du vaiſſeau qui étoit nouvellement conſtruit, & cela paroît d'autant mieux fondé que tous les légumes ſecs, comme pois, feves, haricots & lentilles, ſe trouvoient gâtés dans les ſoutes, ainſi que le riz & une partie du biſcuit; les légumes formoient dans le ſoute un fumier qui infectoit, & il ſortoit de ces mêmes ſoutes une quantité prodigieuſe de vers blancs dont mes ennemis ont attribué la naiſſance, ainſi que la mala-

(1) M. Foreſtier, Ecrivain du Roi, chargé d'approviſionner mon vaiſſeau, ne laiſſoit rien manquer à l'hôpital; c'eſt un homme plein de mérite.

Als Dumont d'Urville im Jahr 1825 von einer Expedition unter Kommandant Louis Duperrey heimkehrte, war sein älterer Sohn bereits seit zwei Jahren tot. Eine ähnliche Hiobsbotschaft erreichte ihn 1838 in Valparaiso; die Cholera hatte seinen Jüngsten acht Monate zuvor dahingerafft. Was solche Expeditionen, die sich über Jahre hinziehen konnten, für die Angehörigen bedeuteten, dokumentiert ein bewegender Brief von Adèle d'Urville an ihren Gatten: »Wenn dich dieser Brief erreicht, ist deine Arbeit im Eis beendet. Ob du dann wohl zurückkommen kannst? Es wäre mein sehnlichster Wunsch. Ruhm, gesellschaftliche Anerkennung, Reichtum bedeuten mir nichts. Der Preis dafür ist mir zu hoch. Ich flehe dich an: Komm zurück! Und ich bete zu den Engeln, dass sie dich beschützen mögen. Nicht zu Gott, denn Er hat mich verflucht.« Und hier ein Brief seines älteren Sohnes: »Adieu, Papa. Mama und ich, wir flehen dich an, bei allem, was uns heilig ist: Komm zurück, so schnell du kannst. Warum musstest du diese Reise machen? Der arme Kleine könnte noch bei uns sein; unsere Familie könnte noch beisammen sein, aber deine Reise hat alles zerstört.« Dumont d'Urville setzte seine Erkundungsfahrt trotzdem fort. Auf dieser Expedition, die zweieinhalb Jahre dauerte, entdeckte er schließlich eine Insel, die er nach seiner Frau »Adélie-Land« nannte.

Auf der südlichen Erdhälfte waren die Seefahrer nur noch von der öden Weite der Meere umgeben; die amerikanischen Seehäfen und die europäischen Stützpunkte in Indien und anderen Ländern Asiens waren ihre einzigen Verbindungen mit der Heimat. Von der Königin Faka-Kana in Tonga-Tabou erfuhr Dumont d'Urville, »wenige Jahre vor d'Entrecasteaux seien zwei große, den seinen ähnliche Schiffe mit Kanonen und vielen Europäern in Namuken gelandet und seien zehn Tage dort

Linke Seite, oben:
Die Astrolabe *und die* Zélée *befreien sich aus dem Eis, 9. Februar 1838.* Auf dem Weg nach Süden wurden die Fregatten im Weddellmeer eingeschlossen. Lithographie nach Louis Le Breton. Atlas der zweiten Reise von Dumont d'Urville (1837–1840).

Linke Seite, unten:
Flucht vor einer Sturmböe aus Westen vor dem Kap der Guten Hoffnung, 44° südliche Breite. Gemälde von Augustus Earle, 1824.

Rechts unten:
Kommandant Jean-Baptiste Charcot in Seemannskluft an Bord der *Pourquoi-Pas?* am 23. August 1931. Aquarellierte Bleistiftzeichnung von Louis Montagné (1879–1960).

geblieben. Ihre Flagge sei ganz weiß (...) gewesen.« Er war Lapérouse auf der Spur. »Ein amerikanischer Kapitän berichtete, er habe auf einer Insel zwischen Neukaledonien und den Louisiaden ein Ludwigskreuz und Medaillen in den Händen der Eingeborenen gesehen, die von dem berühmten Entdecker, dessen Verlust er zutiefst bedauerte, stammen konnten. Sicherlich ist das keine Gewähr dafür, dass es noch Überlebende gibt. Aber Sie würden Ihrer Majestät eine große Freude bereiten, wenn Sie einen dieser unglücklichen Schiffbrüchigen nach all den entbehrungsreichen Jahren im Exil in sein Vaterland zurückfahren ließen.«

Am 26. Februar 1828 entdeckten die Insassen eines Beibootes der *Astrolabe* das gesuchte Schiffswrack. Joseph-Paul Guimard, Dumont d'Urvilles Schiffsarzt und Naturkundler, berichtete: »Nach Stellung und Winkel des Ankers dürfen wir annehmen, dass es sich um die Relikte eines der Schiffe Lapérouses handelte. Dieser Anblick war uns reicher Lohn für die Strapazen der Reise. Er erfüllte uns mit einer Glückseligkeit, die wir nie vergessen werden. Nach den schlimmen Ereignissen, die uns ereilt hatten, in aller Ruhe diese letzten Teile des tragischen Untergangs in Augenschein zu nehmen, ist ein glückliches Gefühl und kommt einer Auszeichnung gleich, die uns kein Mensch je verleihen oder aberkennen könnte.« Nach vierzig Jahren war das Rätsel um die Lapérouse-Expedition gelöst.

»Das Meer in seiner erhabenen Größe verändert das Denken der Menschen, die auf ihm leben; es verändert ihre Wünsche, es zügelt ihre Leidenschaften, oder es schürt sie und bringt sie zum Entflammen.« Am 17. März 1936 nahm Jean-Baptiste Charcot zum letzten Mal als Ehrengast an einem Empfang im Yacht-Club de France teil. Nach seinen Antarktisreisen zwischen 1903 und 1910 leitete der »polar gentleman«, wie Sir Ernest Shackleton ihn nannte, jedes Jahr eine wissenschaftliche Expedition, die ihn in die Meere zwischen Grönland und Skandinavien führte. Der monegassische Fürst Albert I., ein leidenschaftlicher Bewunderer der noch jungen Ozeanographie, stellte der Forschung seine Hochsee-Yachten von 1885 bis 1920 zur Verfügung. Am 17. September 1936 wurden im isländischen Borgafjördr (bei Reykjavik) mehrere männliche Leichen vom Meer angespült. Offensichtlich handelte es sich um Mitglieder der Besatzung der *Pourquoi-Pas*, die eines Nachts bei stürmischer See an der Küste zerschellt war. Am Ruderhaus dieses Schiffes prangte eine Plakette mit dem Wahlspruch der französischen Marine: »Honneur et Patrie« (Ehre und Vaterland). »Das Wichtigste ist die Ehre«, pflegte Kommandant Charcot zu sagen, »denn wer die Ehre nicht hat, darf das große Wort Vaterland nicht im Munde führen.«

Bild- und Quellennachweis

Abkürzungen:
o: oben; u: unten l: links ; r: rechts ; m: Mitte.

ANTT, Lissabon: Arquivo Nacional da Torre do Tombo, Lissabon.
BN, Lissabon: Biblioteca Nacional, Lissabon.
BC, Rom: Biblioteca Casanatense, Rom.
BNF, Paris: Bibliothèque Nationale de France, Paris.
MNAA, Lissabon: Museu Nacional de Arte Antiga, Lissabon.
PML, New York: Pierpont Morgan Library, New York.
RMN: Réunion des Musées Nationaux, Paris.
SHAT, Vincennes: Service historique de l'armée de terre, Château de Vincennes.
SHM, Vincennes: Service historique de la Marine, Château de Vincennes.

Schutzumschlag vorne: »Des Columbus' Schiff Sta. Maria bei stürmischem Wetter« Farbholzstich (1904), nach einem Aquarell von P. Schreckhaase; oben: Christoph Kolumbus, Gemälde von Ridolfo Ghirlandaio, um 1550, Museo Navale, Genua-Pegli; Mitte: Vasco da Gama, Gemälde von Gregorio Lopes, um 1524, MNAA, Lissabon; unten: James Cook, Gemälde von Nathaniel Dance, um 1800, National Maritime Museum, Greenwich. Alle Fotos: AKG/Berlin.
Schutzumschlag hinten:Hémisphère Marin, *Premiéres Œuvres* von Jaques Devaulx, Lotse aus Le Havre. 1538. BNF, Paris. © Photothèque Hachette.
Vordere Klappe: Ausschnitt aus der Unterschrift des Christoph Kolumbus auf einem Brief vom 2. April 1502 an die Herren von Genua. Archivio Comunale, Genua. © Explorer Archives.
Vorsatzblatt: Karte mit Brasilien und Westafrika. Anonymer französisch-portugiesischer Atlas, um 1583. Koninklijke Bibliotheek, La Haye. Foto: Museumsarchiv.
S. 1: © Fotogram-Stone Images, Paris.
Ss. 2–3: Titelseite. Die *Géographe* und die *Naturaliste* mit gerefften Segeln in einem Sturm Gezeichnet von Charles-Alexandre Lesueur (1776-1846). Muséum d'Histoire Naturelle, n° 38 001, Le Havre. Photo Art Images.
Ss. 4–5: Photo Olivier Grunewald.
S. 6: Holländisches Schiff aus der zweiten Hälfte des 16. Jahrhunderts. Stich nach Pieter Bruegel von Franz Huys, um 1516. Institut Néderlandais, Paris. Collection Frits Lugt. Foto: Museumsarchiv.
S. 8–9: Weltkarte mit Narrenkappe. Aquarellierter Stich eines anonymen Künstlers, um 1590. BNF, Paris. Cartes et plans. Foto: BNF.
S. 11: Die Schätze des Meeres. Jacopo Zucchi (1541–1590). Galleria Borghese, Rom. © Scala.
Ss. 12–13: Martyrium der Hl. Ursula und ihrer elftausend Jungfrauen. Flügelaltar der Hl. Aukta (Ausschnitt), um 1520, zugeschrieben Cristovão de Figueiredo et Garcia Fernandes. MNAA, Lissabon. Photo Divisão de Documentação Fotographica. Instituto Portugues de Museus, Lissabon. Foto: José Pessoa.
S. 14: Die Ökumene. Malerei auf Pergament von Francesco di Antonio del Chierico für die lateinische Übersetzung der Cosmographia des Ptolemäus durch Jacopo d'Angelo um 1465–1470. BNF, Paris. Foto: BNF.
S. 15: D. João II. Illumination des 15. Jahrhunderts, nach 1485. Livro dos Copos, ANTT Lissabon, Cartorio de Santiago. Foto: Paulo Cintra et Laura Castro Caldas.
S. 17: Der portugiesische Teil der Welt. Crónica del Rei D. Afonso Henriques, von Duarte Galvão. Erstes Viertel des 16. Jahrhunderts. Biblioteca publica municipal do Porto. Foto: Paulo Cintra et Laura Castro Caldas.
S. 19: An Bord der Karavelle Boa Esperança. Foto: François Bellec.
S. 20: Martyrium der Hl. Ursula und ihrer elftausend Jungfrauen. Flügelaltar der Hl. Aukta, um 1520 (Ausschnitt), zugeschrieben Cristovão de Figueiredo et Garcia Fernandes. MNAA, Lissabon. Photo Divisão de Documentação Fotographica. Instituto Portugues de Museus, Lissabon. Foto: José Pessoa.
S. 21: Guia Nautico von Evora, um 1516. Biblioteca publica e Arquivo Distrital, Evora.
S. 22: Krieger und Musikanten. Bronzeplatten (cire perdue). Benin, 16.–17. Jahrhundert. Musée de l'Homme, Paris. Foto: B. Hatala.
S. 23: Portugiese mit Feuerwaffe. Bronzerelief (cire perdue). Benin, 16.–17. Jahrhundert. Museum für Völkerkunde, Berlin. © Werner Forman/AKG, Paris.
S. 24: Hémisphère Marin. *Premières Oeuvres* von Jacques Devaulx, Lotse aus Le Havre. 1538. BNF, Paris. © Photothèque Hachette.
S. 25: Planoglobium von Sebastiano Caboto, 1544. (Ausschnitt mit östlicher Erdhälfte). BNF, Paris, Cartes et plans. Foto: BNF.
Ss. 26–27: Foto: Olivier Grunewald.
S. 29: Karte vom Kap der Guten Hoffnung. Roteiro von Francisco de Roís, 1513–1516. Bibliothèque de l'Assemblée Nationale, Paris. Foto: Bibliothèque de l'Assemblée nationale.
S. 30: D. Vasco da Gama. Holzschnitt nach einer Tuschzeichnung für die *Lendas da India* von Gaspar Correira. Um 1550–1563. BN, Lissabon.
S. 31: Illumination für den vierten Band der *Leitura Nova* von D. Manuel (Ausschnitt). Mitte des 16. Jahrhunderts. ANTT, Lissabon. © Loirat/ Explorer.
S. 32: Aus einer Handschrift über die Reise von Vasco da Gama, Alvaro Velho zugeschrieben. Kopie Mitte des 16. Jahrhunderts. Biblioteca municipal do Porto. Foto: Paulo Cintra und Laura Castro Caldas.
S. 33: Ansicht von Lissabon in der ersten Hälfte des 18. Jahrhunderts. Azulejo aus dem Kloster von São Francisco (Saal des Konsistoriums), Salvador, Bahia, Brasilien.
S. 34: Muskatstrauch. *Tratado de los Drogas y Medicinas de las Indias Orientales* von Cristovão da Costa, 1578. BN, Lissabon. Foto: Paulo Cintra und Laura Castro Caldas.
S. 35: Mosambik. Roteiro de Viagem de Lisboa a Goa von D.João de Castro, 1538. Biblioteca publica e Arquivo Distrital de Evora. Foto: BPE.
Ss. 36–37: Die portugiesische Flotte vor Maskat. Livro de Lisuarte de Abreu, um 1558–1564. PML, New York. © AKG Paris.
S. 38: Teppich »mit Portugiesen«. Persien, 17. Jahrhundert. Musée des Tissus, Lyon. © Artephot/A.D.S.C.
S. 38: Pfeffer. *Tratado de los Drogas y Medicinas de las Indias Orientales* von Cristovão da Costa, 1578. BN, Lissabon. Foto: Paulo Cintra und Laura Castro Caldas.
S. 39: Calicut in Parallelperspektive. *Lendas da India* (1550–1563) von Gaspar Correira. ANTT, Lissabon. Foto: Paulo Cintra und Laura Castro Caldas.
S. 40: Zwei Reiter in Cambay. 16. Jahrhundert. Handschrift eines unbekannten Künstlers. BC, Rom. Codex Casanatense.
S. 41: Portugiese mit Diener und Sonnenschirm. Handschrift eines unbekannten Künstlers. BC, Rom. Codex Casanatense.
S. 42: Geburt Christi mit Goldmünzen. Illumination aus dem Stundenbuch von D. Manuel, um 1517–1538, u.a. António de Holanda zugeschrieben. MNAA, Lissabon. Foto: José Pessoa.
Ss. 44–45: Der König von Cambay. Handschrift eines unbekannten Künstlers. BC, Rom. Codex Casanatense. Foto: Dedem Automatica.
S. 46: Portugiesen in Ormuz. Handschrift eines unbekannten Künstlers. BC, Rom. Codex Casanatense.
S. 47: Bewohner von Korassan. Handschrift eines unbekannten Künstlers. BC, Rom. Codex Casanatense.
Ss. 48–49: Die Flotte von Diogo Lopes de Sequeira, 1519. *Livro de Lisuarte de Abreu*, um 1558–1564. PML, New York. © AKG Paris.
Ss. 50–51: Ansichten von Calicut, Ormuz, Cannanore und El Mina. *Civitates Orbis Terrarum* (1572–1618) Georg Braun; Stich von Frans Hogenberg. Bibliothèque Sainte-Geneviève, Paris. © Namur/Explorer.
Ss. 52–53: Namban-byôbu. Paravent »der Barbaren des Südens«. (Ausschnitt). Um 1590 – 1640. Kano Naizen zugeschrieben. MNAA, Lissabon. Foto: Francisco Matias.
S. 54: D. Alfonso de Albuquerque. Porträt auf Holz eines unbekannten portugiesischen Künstlers, Mitte des 16. Jahrhunderts. MNAA, Lissabon. Foto: Luis Pavão.
S. 55: Festung von Batavia. Ölgemälde von A. Beeckman, 1656. Rijksmuseum, Amsterdam. Foto: KIT.
Ss. 56–57: Die Neue Welt. Portulan von Juan de la Cosa. 1500. Museu Naval, Madrid. © Artephot/Oronoz.
S. 58: Die Heilige Jungfrau der Seefahrer. Altarretabel von Aléjo Fernandez, 1497, für die Casa de Contratación. Alcazar, Sevilla. © J. S. Nacivet/Explorer.
S. 59: Christoph Kolumbus. Miniatur eines unbekannten Künstlers auf Velin. Spanische Schule, 16. Jahrhundert. Musée National de la Renaissance, Ecouen. © Giraudon.
S. 61: Votivschiff von Mataro. Katalinisches Modellschiff. Mitte des 15. Jahrhunderts. Netherlands Maritiem Museum Prinz Hendrik, Rotterdam. Foto: Museumsarchiv.
Ss. 62: Uhrwerksautomat, Hans Schlottheim zugeschrieben. 16. Jahrhundert (Detail mit Ausguck). Foto: RMN-H. Lewandovski.
S. 63: Uhrwerksautomat »Schiff Karls V.«, Hans Schlottheim zugeschrieben. 16. Jahrhundert (Ausschnitt) © Giraudon.
Ss. 64–65: Foto: Olivier Grunewald.
S. 66: Tapuya-Mann. Reise-Illustration von Zacharias Wagner, um 1634. Staatliches Kupferstichkabinett. Dresden © AKG Paris.
S. 68: Ankunft der Franzosen in Port Royal. Kolorierter Stich von Théodore de Bry nach Jacques Lemoyne de Morgues. Reise von Jean Ribault und René de Laudonnière nach Florida 1562–1565. *Grands Voyages* 1591. SHM, Vincennes. Foto: SHM.
S. 69: Indianer der Kariben. *Géographie du Monde* von Artus Fonnant. 1633. SHM, Vincennes. Vergrößerter Ausschnitt.
S. 70: Wie die Portugiesen wieder ein Schiff nach mir ausschickten. Kolorierter Stich von Théodore de Bry nach einem Holzschnitt und dem Bericht von Hans Staden. *Grands Voyages*, 1592. SHM, Vincennes. Foto: SHM.
S. 71: Fliegende Fische. Kolorierter Stich von Théodore de Bry nach einem Holzschnitt und dem Bericht von Hans Staden. *Grands Voyages*, 1592. SHM, Vincennes. Photo SHM.
S. 73: Pacoba und Zaranga (Banane und Orange) Aquarelle von Zacharias Wagner, um 1634. Staatliches Kupferstichkabinett. Dresden.© AKG Paris.
S. 74: Wie Hans Staden Schiffbruch erlitt. Kolorierter Stich von Théodore de Bry nach einem Holzschnitt und dem Bericht von Hans Staden. *Grands Voyages*, 1592. SHM, Vincennes. Foto: SHM.
S. 75: Rauchender Mulatte. Zeichnung von Charles Plumier. 1688. BNF. © AKG Paris.
S. 76: Ernte der Pacona-Frucht. Stich in: *Histoire d'un voyage fait en la terre du Brésil* von Jean de Léry, 1578.
S. 77: Druckfassung des Briefes von Kolumbus an Luis de Santangel, geschrieben auf seiner ersten Reise, im Februar–März 1493. Museo de America, Madrid. © Artephot/Oronoz.
Ss. 78–79: Foto: Olivier Grunewald.
S. 80: Feuergott Huehueteotl, Vater und Mutter aller Götter. Terrakotta. 600–800. Veracruz, Mexiko. Musée Barbier-Mueller, Genf. Foto: S.-A. Ferrazzini.
S. 81: Figurengefäß als Graburne. Zapotekenkultur, 450–650. Region Oaxaka, Mexiko. Musée Barbier-Mueller, Genf. Foto: S.-A. Ferrazzini.
S. 82 o: Duho. Traditionelles Sitzmöbel (Haiti) Musée de l'Homme, Paris. Foto: M. Delaplanche.
S. 82 u: Tapuya-Frau. Reise-Illustration von Zacharias Wagner, um 1634. Staatliches Kupferstichkabinett Dresden © AKG Paris.
S. 83: *Oppidum Pomeiooc*. Kolorierter Stich von Théodore de Bry nach *Admiranda Narratio*, Bericht über eine Reise nach Britisch-Virginia im Jahr 1585 von Richard Greinville. *Grands Voyages*, 1591. SHM, Vincennes. Foto: SHM.
S. 84: Namenszug von Kolombus auf einer Handschrift im Kloster Rábida. © Artephot/Oronoz.
S. 85: Schmuckanhänger aus Kupfergold, Panama. Musée Barbier-Mueller, Genf. Foto: S.-A. Ferrazzini.
S. 86: Die Neue Welt. Portulan von Juan de la Cosa. 1500. Museo Naval, Madrid. © Artephot/Oronoz.
S. 87: Namenszug von Kolumbus auf einer Handschrift im Kloster Rábida. © Artephot/Oronoz.
S. 88: Tupinamba-Familie. Stich in: *Histoire d'un voyage fait en la terre du Brésil* von Jean de Léry, 1578.
S. 89: Karte von Südamerika, 16. Jahrhundert. J.-S. Coureau/Explorer.
Ss. 90–91: Foto: Olivier Grunewald.
S. 92: Brasilianischer »Feldherr«. *Géographie du monde*. Artus Fonnant, 1633. SHM, Vincennes.
S. 93: Der Atlantik zwischen Afrika und der Neuen Welt. Französisch-portugiesischer Atlas. Anonymus, um 1583. Koninklijke Bibliotheek, Handschrift 129 A24, Blatt 11/12. La Haye. Foto: Museumsarchiv.
S. 94 o: Amerigo Vespucci. Gemälde von Antonio Giovanni Varese, 16. Jahrhundert. Palazzo Farnese, Caprarola. © Index-Giraudon.
S. 94 u: Brasilianerin. Reise-Illustration von Zacharias Wagner, um 1634. Staatliches Kupferstichkabinett Dresden. © AKG Paris.
S. 95: Brasilianer. Reise-Illustration von Zacharias Wagner, um 1634. Staatliches Kupferstichkabinett Dresden. © AKG Paris.
S. 96 o: Bildnis des Amerigo Vespucci. Von einem unbekannten Künstler, ohne Datum. Musée National de la Marine, Paris. Foto: Patrick Dantec.
S. 96 u: *Orbis typus universalis juxta hydrographorum traditionem*. Weltkarte von Laurentius Frisius (1522) in einer Reproduktion von Martin Waldseemuller, gedruckt 1507 in Saint Dié. © AKG Paris.
S. 97: Seite aus der *Imago Mundi* von Kardinal Pierre d'Ailly, aus dem Besitz von Christoph Kolumbus. Auflage 1483. Achtes Kapital: *Von der Ausdehnung der bewohnbaren Welt*. Biblioteca Colombina, Séville. © AKG, Paris.
Ss. 98–99. Wilder vom Marañón. Ausschnitt einer Illustration. In: *Géographie du Monde* von Artus Fonnant. 1633. SHM, Vincennes.
S. 98: Landschaft in Nordamerika.
S. 99: Sebastiano Caboto. Zeitgenössischer Stich nach einem verschollenen Porträt. The Fotomax Index, Century Picture Library, London.
S. 100: Planiglobium von Sebastiano Caboto, 1544. (Ausschnitt mit westlicher Welthälfte). BNF, Paris, Cartes et plans. Foto: BNF.
S. 101 o: Wilde vom Marañón. Illustration in: *Géographie du Monde* von Artus Fonnant, 1633. Stich von Pierre Firens (1613) nach der Zeichnung von Joachim Duviert: *Wilde, die wir nach Frankreich brachten, um sie zum katholischen Glauben zu bekehren*. SHM, Vincennes.
Ss. 102–103: Kolorierter Stich von Théodore de Bry. *Grands voyages* 1591–1598. SHM, Vincennes. Foto: SHM.

S. 104: Afrika und Amerika helfen Europa. Kupfertsich von William Blake. (1757–1827) © AKG, Paris.
S. 105: Einwohner der Terra Australis. *Géographie du Monde* von Artus Fonnant, 1633. SHM, Vincennes.
S. 106: Symbolische Darstellung von Kolumbus. *Les vrais Pourtraits et Vies des Hommes illustres*. André Thévet, 1584. Bibliothèque publique et universitaire, Genf.
S. 107: Die Franzosen wählen den Standort für ihre künftige Siedlung. Kolorierter Stich von Théodore de Bry nach Jacques Lemoyne de Morgues. Reise von Ribault und Laudonnière nach Florida. 1562–1565. *Grands Voyages,* 1591. SHM, Vincennes. Foto SHM.
S. 108 o: Wie einige von uns mit dem Boot ausfuhren, um den Hafen zu erforschen, und ein Kruzifix fanden, das auf einer Klippe stand. Kolorierter Stich von Théodore de Bry nach einem Holzschnitt und dem Bericht von Hans Staden. *Grands Voyages*, 1592. SHM, Vincennes. Foto: SHM.
Ss. 108–109: Indio-Frauen der Kariben. Ausschnitt einer Illustration in: *Géographie du Monde* von Artus Fonnant, 1633. SHM, Vincennes.
S. 110: Indios der Kariben. Illustration in: *Géographie du Monde* von Artus Fonnant, 1633. SHM, Vincennes.
S. 111: Über die militärische Disziplin der Krieger in Outina. Kolorierter Stich von Théodore de Bry nach Jacques Lemoyne de Morgues. Reise von Ribault und Laudonnière nach Florida. 1562–1565. *Grands Voyages*, 1591. SHM, Vincennes. Foto: SHM.
S. 112: Wie das Gold aus den Bächen der Apalacty herausgewaschen wird. Kolorierter Stich von Théodore de Bry nach Jacques Lemoyne de Morgues. Reise von Ribault und Laudonnière nach Florida. 1562–1565. *Grands Voyages*, 1591. SHM Vincennes. Foto: SHM.
S. 113: Trophäen und Zeremonien, um die Niederlage des Feindes zu feiern. Kolorierter Stich von Théodore de Bry nach Jacques Lemoyne de Morgues. Reise von Ribault und Laudonnière nach Florida. 1562–1565. *Grands Voyages*, 1591. SHM Vincennes. Foto: SHM.
S. 115: Felsküste bei stürmischer See. Feder, Tusche und Schwarze Kreide. Mathieu Bril (1550–1583). Musée du Louvre, Cabinet des dessins, Paris.
Ss. 116–117: Fotogram-Stone Images/Ernst Haas.
S. 118: Unterschrift des Christoph Kolumbus auf einem Brief vom 2. April 1502 an die Herren von Genua. Archivio Comunale, Genua © Explorer Archives.
S. 120: Kap der Guten Hoffnung und Terra Australis. Karte in: *Cosmographie Universelle* von Guillaume le Testu. 1556. Ministère de la Défense SHAT, Vincennes. © Giraudon.
S. 121: Roter Papagei und Dodo (Dronte). Gouache von William Hodges, um 1773. National Library of Australia, Canberra © The Bridgeman Art Library/Artephot.
Ss. 122–123: Der Hafen Callao in Peru im 16. Jahrhundert. Spanischer Roteiro, anonym, Ende des 16. Jahrhunderts. Biblioteca Nacional, Madrid. © Artephot/Oronoz.
S. 124: Titelkupfer für die Handschrift: *Relation de Voyage de la Mer du Sud en 1712, 1713, 1714* von Amédée Frézier (1715) Bibliothèque de l'Assemblée Nationale, Paris.
S. 125: Zeremonielle Haartracht von Vanuatu. Musée national des Arts africains et océaniens, Paris. Foto: RMN-Arnaudet.
S. 126: Titelblatt für: *Relation d'un voyage dans la mer du Nord (...) fait en 1767 & 1768 par M. de Kerguelen*. (1771) Bibliothèque-Médiathèque de Valenciennes.
S. 127: Foto: Olivier Grunewald.
S. 128: Erste Seite der *Relation de deux voyages Dans les Mers Australes & aux Indes, faits en 1771, 1772, 1773 et 1774 par M. de Kerguelen* (1782). SHM, Vincennes.
S. 129 Auszug aus Kerguelens *Relation*, datiert auf den 1. und 2. Januar 1774. SHM, Vincennes.
Ss. 130–131: Foto: Olivier Grunewald.
Ss. 130–131 (Hintergrund): Karten und Ansicht der »Terres australes« und des nördlichen Teils der Insel, an der Kerguelen anzulegen versuchte. SHM, Vincennes.
S. 132: Die Ostküste der Schouten-Inseln, Van-Diemen's-Land (Tasmanien). Stich von Fortier nach einer Zeichnung von Charles-Alexandre Lesueur (1778–1846), Schiffszeichner von Nicolas Baudin (1800–1804). In: *Voyage à la découverte des Terres Australes [...]* 1807. Royal Geographic Society, Londres. The Bridgeman Art Library/Artephot.
S. 133: Seelöwe an der Magellanstraße. Handschriftliches Reisetagebuch von Duplessis, Ingenieur und Kartograph von Gouin de Beauchesne an Bord der Maurepas. SHM, Vincennes.
S. 134: Zwei Königspinguine an der Magellanstraße. Handschriftliches Reisetagebuch von Duplessis, Ingenieur und Kartograph von Beauchesne an Bord der Maurepas. 1698–1701. SHM, Vincennes.
S. 135: Wilde in der Magellanstraße. Handschriftliches Reisetagebuch von Duplessis, Ingenieur und Kartograph von Beauchesne an Bord der Maurepas. 1698–1701. SHM, Vincennes.
Ss. 136–137: Die Eendracht verlässt das Ijsselmeer. Gemälde von Aert Anthonisz. 1618. © Rijksmuseum, Amsterdam.
S. 138 o: Fort Utrecht an der Küste von Java an der Bali-Straße. Gemälde von Thomas Baines (1822–1875) Royal Geographical Society, London © Bridgeman/Giraudon.
S. 138 u: Tiere der Galapagos-Inseln. Handschriftliches Reisetagebuch von Duplessis, Ingenieur und Kartograph von Beauchesne an Bord der Maurepas. 1698–1701. SHM, Vincennes.
S. 139: Foto: Olivier Grunewald.
Ss. 140–141: Ein Häuptling von den Sandwich-Inseln. Ausschnitt eines Gemäldes von John Webber, 1787. The Bridgeman Art Library/ Artephot.
S. 142 und S. 143 o: *Roteiro* von Francisco de Roís, Lotse unter António de Miranda Azevedo, der im Zeitraum von 1513–1516 portugiesische Siedler auf die Molukken brachte. Bibliothèque de l'Assemblée Nationale, Paris.
S. 143 u: Frauen der Molukken mit Gewürznelkenstrauch. *Géographie du Monde* von Artus Fonnant. 1633. SHM, Vincennes.
S. 144 l: Australischer Ureinwohner. Zeichnung von Nicolas-Martin Petit. In: Reisetagebuch von Pierre Milius, Schiffsleutnant unter Nicolas Baudin, 1800–1804. Muséum d'Histoire Naturelle, Le Havre.
S. 144 r: Krieger mit Helmmaske von der Karakakoa-Bucht (Sandwich-Inseln, Hawaii).
Stich von R. Benard nach einem Aquarell von John Webber, 1779. Cooks dritte Reise
© Artephot/J. S. Dumontier.
S. 144 u: Männlicher Helmkakadu (Australien) Lithographie von Coutant nach Pancrace Bessa. *Reise um die Welt*. Hyacinthe de Bougainville 1824–1826. Musée national de la Marine, Paris. Foto: Museumsarchiv.
S. 145: Bugverzierung eines Kriegsschiffes. Taninbar-Inseln © Musée Barbier-Mueller, Genf. Foto: S.-A. Ferrazini.
S. 146: Bildnis von Magellan. Unbekannter Künstler, ohne Datum. Musée National de la Marine , Paris. Foto: Patrick Dantec.
S. 147 o: Feuerland mit Magellanstraße. Karte von Sieur Labat, der die *Phélypeaux* begleitete. Reisetagebuch von Beauchesne, 1698–170I. SHM, Vincennes.
S. 147 u: Symbolhafte Darstellung von Magellan. *Les vrais Pourtraits et Vies des Hommes illustres*. André Thévet, 1584. Photothèque Hachette.
Ss. 148–149: *Rio da Prata, Estreito do Magalhais*. Spanische Landkarte mit Magellanstraße. 16. Jahrhundert. Palais du duc d'Albe, Madrid. © Artephot/Oronoz.
S. 150 o: Wasserfahrzeug von der Gouano-Insel vor Peru, und 150 u: Seelöwe an der Mgellanstraße. Handschriftliches Reisetagebuch von Duplessis, Ingenieur und Kartograph von Beauchesne an Bord der Maurepas. 1698–1701.
S. 152: Sir Francis Drake. Porträt von Isaac Oliver (1565–1617) Victoria & Albert Museum, London. The Bridgeman Art Library/Artephot.
S. 153: Ansichten und Plan der Bucht Nombre de Díos. Aus dem letzten Bordbuch von Francis Drake, 1595–1596. BNF, Paris. © Explorer-Archives.
Ss. 154–155: Eingeborene attackieren die *Dolphin* von Samuel Wallis vor der König-Georg-Insel (Tahiti), Juni 1767. Aquarell eines unbekannten Besatzungsmitglieds. National Library of Australia, Canberra. The Bridgeman Art Library/Artephot.
S. 155 u: Louis Antoine de Bougainville. Porträt von Jean-Pierre Franquel (1774–1860). Musée National du Château de Versailles et de Trianon. Foto: RMN/Gérard Blot.
Ss. 156–157: Foto: Sea and See/Thierry Zysman.
S. 158 o: Ansicht von Neu-Kythera (Tahiti), April 1768. Aquarell eines unbekannten Künstlers nach einer Zeichnung von A.J. Riouffe oder dem Ingenieur und Kartographen C.H. Routier de Romainville an Bord der *étoile* (zugeschrieben). Reise von Bougainville. BNF. Foto: BNF, Paris.
S. 158 u: Karte von Otaheite (König-Georg-Insel, Tahiti). Stich nach Cooks Originalentwurf, 1769. © Mary Evans/Explorer Archives.
S. 159 lo: Die Tahitier überreichen Bougainvill einen Korb mit Früchten, April 1768. Pastell eines unbekannten Künstlers. Coll. Rex Nan Kivell. National Library of Australia, Canberra.
S. 159 ro: Frauen von Tahiti, 1842. Aquarellzeichnung aus dem Album von Maximilien Radiguet. SHM, Vincennes.
S. 159 u: Tanz der Alten von Agana (Guam, Marianen), März 1819. Lithographie nach einem Aquarell von Jacques E.V. Arago, Maler und Zeichner von Louis Claude Desaulses de Freycinet an Bord der Uranie. Musée national de la Marine. Paris. Foto: MNM.
S. 160 o: Piroge in der Nacht. Aquarellzeichnung aus dem Album von Maximilien Radiguet.
SHM, Vincennes.
S. 160 u: Die Ermordung der Herren de Langle, Lamanon und zehn weiterer Besatzungsmitglieder, Dezember 1787. Zeichnung von Nicolas Ozanne, Begleiter von Lapérouse. © AKG, Paris.
S. 161: James Cook. Porträt von Nathaniel Dance, 1776. National Maritime Museum, Greenwich © Artephot/Nimatallah.
S. 162: *HMS Resolution*. Aquarell von Henry Roberts. Mitchell Library, State Library of New South Wales. Sydney. The Bridgeman Art Library/ Artephot.
S. 163: Doppelkanu aus Tahiti. Aquarell von John Webber, um 1777. British Library, London.
The Bridgeman Art Library/Artephot.
Ss. 164–165: Frauen auf Tahiti, 1842. Aquarellzeichnung aus dem Album von Maximilien Radiguet. SHM, Vincennes.
S. 166 lo: Menschentypen in Melanesien; ro: Lotété, König der Marquesas. Aquarellzeichnungen. Aus dem Album von Maximilien Radiguet. 1842. SHM, Vincennes.
S. 166 u: Die Insulaner der Sandwich-Inseln (Hawai) bringen Cook das rituelle Schweineopfer dar, Januar 1779. Stich von Samuel Middiman und John Hall (1784) nach einer Tuschzeichnung von John Webber. National Library of Australia, Canberra. The Bridgeman Art Library/ Artephot.
S. 167: Aquarellzeichnung aus dem Album von Maximilien Radiguet SHM, Vincennes.
Ss. 168–169: Cooks Ermordung in der Karakakua-Bucht in Owhyhee (Hawai), 14 Februar 1779. Gemälde von George Carter (1781) National Library of Australia, Canberra. The Bridgeman Art Library/Artephot
S. 170 o: Schamane in Tahiti. (vermutlich ein *tahua* oder ein charismatischer Häuptling der Arii- oder Arioi-Sekte). Aquarellzeichnung aus dem Album von Maximilien Radiguet. 1842. SHM, Vincennes.
S. 170 u: Statue von Ku-Kaili-Moku, Kriegsgott von Hawai. Musée de l'Homme, Paris. Foto: J.-Ch. Mazur.
S. 171: Mahiole. Helmzier aus Hawai. Aus dem Besitz von Louis-François Le Goarant de Tromelin (1828). Musée de l'Homme, Paris.
S. 172: Das Inseldorf Nama in Vanikoro. Aquarell von Louis-Auguste de Sainson, BNF, Paris/Société de Géographie. Foto: BNF.
S. 173: Angriff durch Eingeborene vor der Samoa-Insel Opulu (Apia), 1838. Lithographie nach Louis Le Breton, Musée nationale de la Marine, Paris. Foto: MNM.
S. 174: Häuptling von Santa Christina (Tahua Ta, Inselgruppe der Marquesas). Stich nach William Hodges, Maler und Zeichner an Bord der HMS Resolution
© Artephot/J.-S. Dumontier.
S. 175 o: Marineoffizier mit Frauen in Tahiti. Aquarellzeichnung aus dem Album von Maximilien Radiguet. SHM, Vincennes.
S. 175 u: Verzierter Türstock aus Neukaledonien. Musée de l'Homme, Paris, Foto: D. Destable.
S. 176 o: Wasserplatz im Hafen Carteret (Neuirland). Aquarellzeichnung von Louis-Auguste de Sainson. BNF, Paris/Société de Géographie. Foto: BNF.
S. 176 u: Papua-Mann von der Bougainville-Insel. Aquarellzeichnung von L. F Lejeune. SHM, Vincennes.
S. 177: Eingeborener von Nuka Hiva (Nuku Hiva), Inselgruppe der Marquesas. Lithographie nach Louis Le Breton (1838) *Voyage au pôle sud et dans l'Océanis*. Dumont d'Urville (1837–1840). SHM, Vincennes.
S. 178 o: Ankunft von Dumont d'Urville am Strand von Tucopia. Februar 1828. Aquarell von Louis-Auguste de Sainson. (Dumont d'Urvilles erste Reise in den Jahren 1826–1829). BNF, Paris/Société de Géographie. Foto: BNF.
S. 178 m: Katamaran von Balahou (Fidschi-Inseln) Lithographie nach Louis Le Breton. Dumont d'Urvilles zweite Reise in den Jahren 1837–1840. SHM, Vincennes.
S. 178 u: Eingeborene im Hafen von Dorey (Neuguinea), 1824. Aquarellzeichnung von L. F Lejeune. SHM, Vincennes.
S. 180: Einweihung der Lapérous-Gedenkstätte in Vanikoro durch Dumont d'Urville und die Besatzung der Astrolabe, März 1828. Aquarell von Louis-Auguste de Sainson. Coll. Rex Nan Nivell. National Library of Australia, Canberra. Foto: Museumsarchiv.
S. 181: Zeremonie des Kava in Tonga-Tabu, April 1827. Lithographie von Nicolas No'l nach einem Aquarell von Louis-Auguste de Sainson. National Library of Australia, Canberra.
The Bridgeman Art Library/Artephot.
Ss. 180–181: Eingeborener und Perlmuttmasken von Aurobu Island (Torresstraße). Reiseatlas von Dumont d'Urville. SHM, Vincennes.
Ss. 182–183: Verpflanzung der Brotfruchtbäume in Tahiti. Lithographie von Thomas Gosse. 1796. National Library of Australia, Canberra. The Bridgeman Art Library/Artephot.
S. 184 o: Humboldt in seinem Berliner Studierzimmer, Oranienburgstrasse. Lithographie
von Ernst Hildbrandt, 1856. Royal Geographical Society, London. Foto: Bridgeman/Giraudon.
S. 184 u: Seehund. Australische Schule um 1840. National Library of Australia, Canberra.
The Bridgeman Art Library/Artephot.
S. 185: Muschelsammlung aus dem Pazifik. Gouache von Alexandre-Isidore Leroy de Barde, 1803 für Ludwig XVIII. Musée du Louvre, Paris. Photo RMN.
S. 186: Australischer Leierschwanz. Gouache von John William Lewin (1770–1819). National Library of Australia, Canberra. The Bridgeman Art Library/ Artephot.

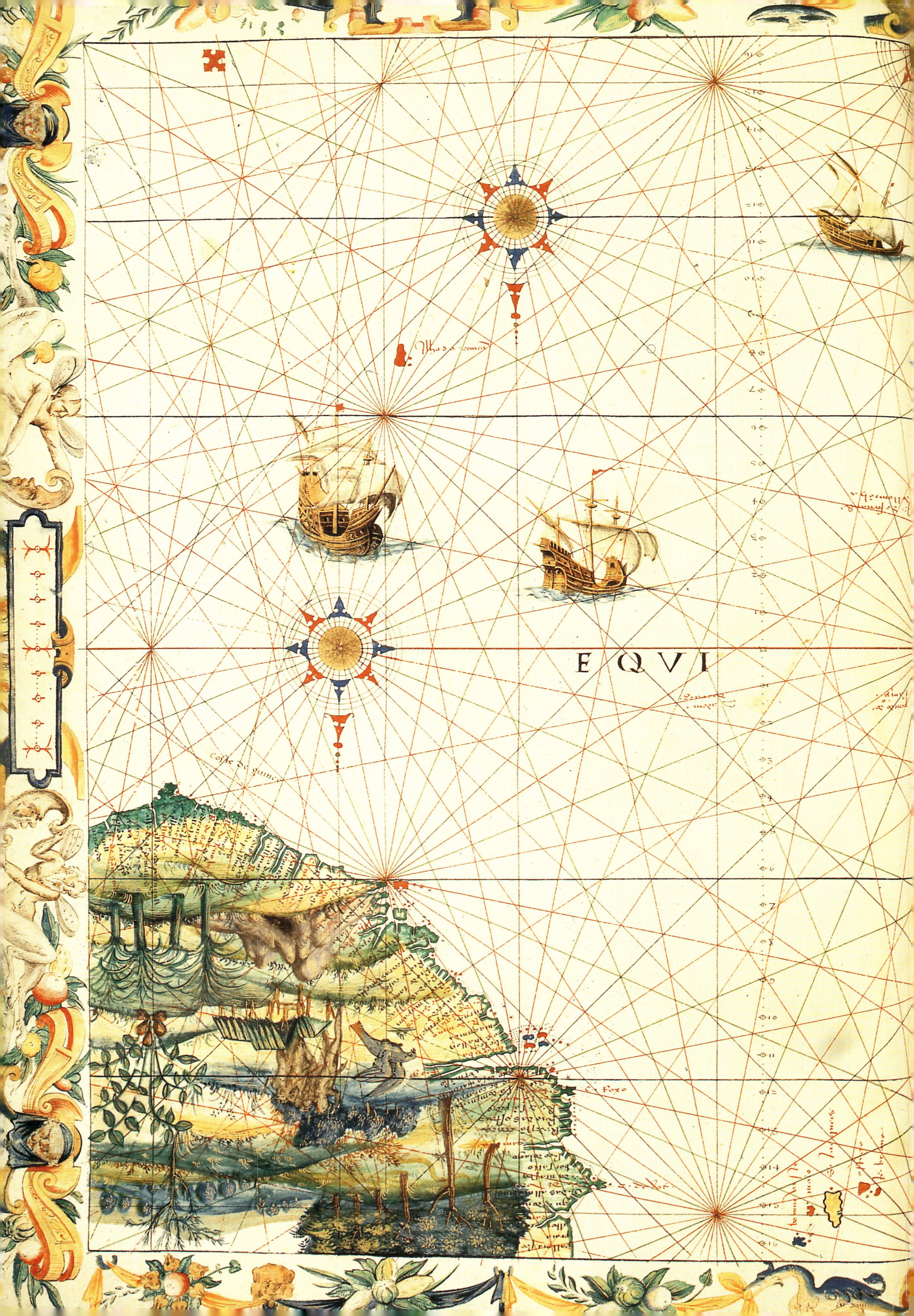
EQVI